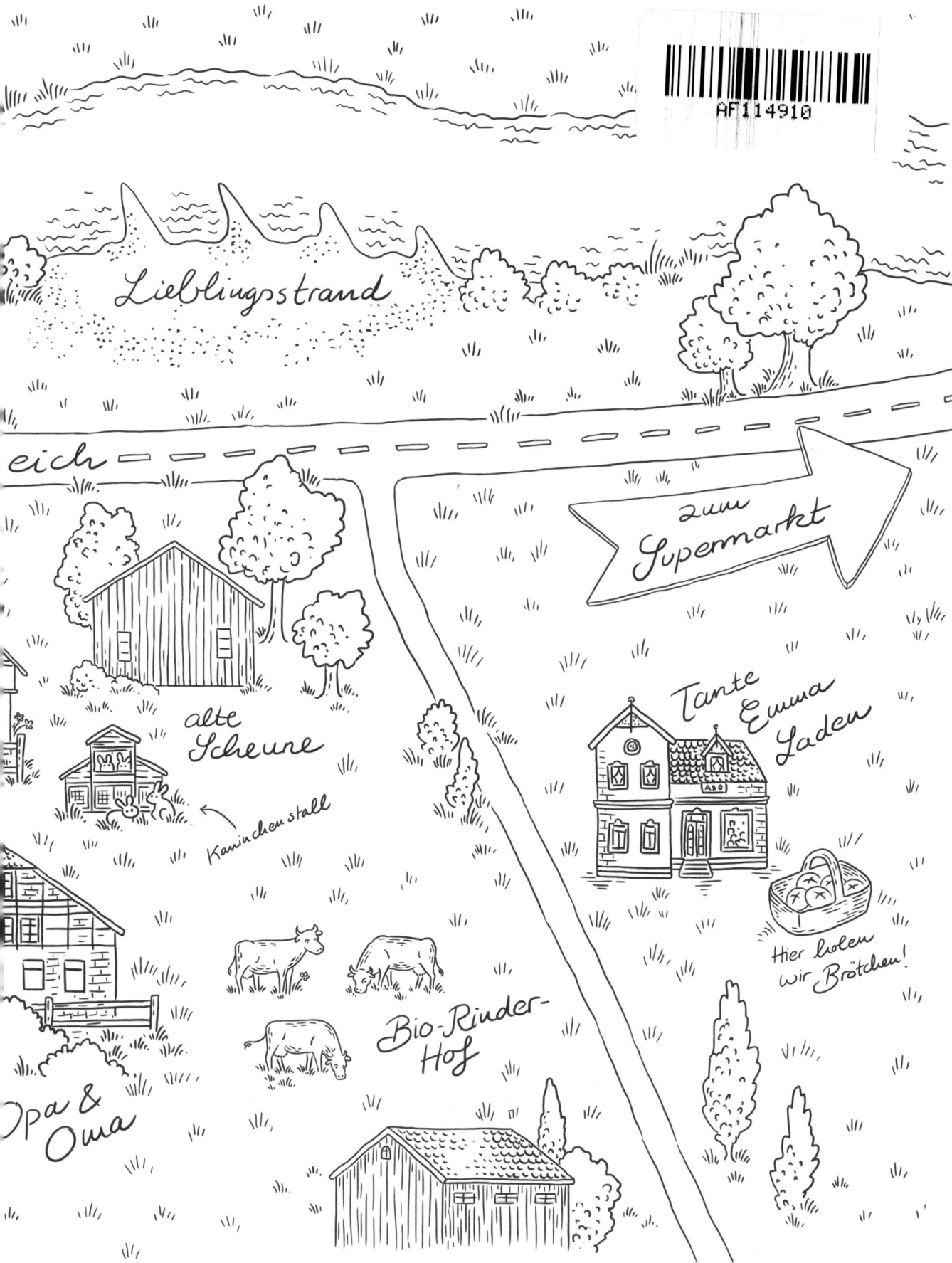

„Gute Mütter haben klebrige Fußböden, schmutzige Backöfen – und glückliche Kinder."

AMERIKANISCHES SPRICHWORT

Für Lasse, Luk, Tjelle und Bo. Weil ihr immer so herrlich hungrig seid.

CLAUDIA SCHAUMANN

BARFUß IN DER KÜCHE

Rezepte und Geschichten vom Familienleben auf dem Land

WAS FÜR MICH

Was wir essen

Viele schöne Erinnerungen sind Ess-Erinnerungen. Es sind Kartoffeln aus dem Garten, Sonntags-Sahnetorten, Streuselkuchen vom Lieblingsbäcker, Rehbraten aus dem schwarzen Bräter und Spiegeleier – sogar nachts. Am liebsten nachts.

Ich bin auf dem Land groß geworden. Ich habe viele Momente meiner Kindheit barfuß im Gras verbracht. Ich erinnere mich, wie ich über morgenfeuchte Wiesen gehüpft bin und wie wunderbar wild die Blaubeeren geschmeckt haben, die ich mit meiner Oma im Wald im Wendland gepflückt habe. Wie cool ich meine blaue Zunge hinterher fand. Ich erinnere mich an den Fliederduft in der Dämmerung, wenn wir an Sommerferienabenden Fangen gespielt und einer ans grüne Scheunentor gelehnt: „Ich komme!" gebrüllt hat.

Ich weiß noch, wie die Erdbeeren aus Omas Garten geschmeckt haben, zuckersüß und mit knirschenden Sandkörnern. Möhren, beinahe ebenso süß. Ich erinnere mich an quietschgrüne Erbsen aus quietschenden Schoten, die ich auf dem sonnenwarmen Terrassenboden genascht habe. An das selbstgebackene Brot meiner Mutter, das noch warm und mit etwas Butter besser geschmeckt hat, als alles auf der Welt.

Später verliebte ich mich während meines Au pair-Jahres in London in die Currys meiner indischen Gastmutter, die eine leidenschaftliche Köchin war. Dort lernte ich, mir mein Heimweh wegzukochen. Meine siebenjährige Gasttochter und ich hatten einen Heidenspaß daran, zusammen meine Lieblingsgerichte auszuprobieren. Ich musste lachen, wenn sie versuchte „Fleischklößchen" zu sagen. (Und sie erst bei meinem „Worcester Sauce"). Mir wurde klar: **Da wo mein Lieblingsessen blubbert, da ist zuhause.**

Meine Kindheit und Jugend auf dem Land haben mich bodenständig gemacht und mir das Genießen beigebracht. Die Menschen und ihre Küche haben meine Art zu essen geprägt. Ich weiß, wie viel Arbeit hundert Hektar Weizen machen. Und ein Stall voller Kühe. Wie niedlich ein glücklich pickendes Huhn ist – und wie lecker ein knuspriger Braten. Wie lange es dauert, einen Fisch zu fangen. Und wie demütig man wird, wenn ein Tierleben endet. Aber auch, wie gut frisch gebratener Fisch schmeckt.

Nach vielen Jahren in der Hamburger Innenstadt lebe ich heute wieder auf dem Dorf, allerdings zu einer ganz anderen Zeit. Scheinbar niemand isst heute einfach mehr so. Viele ernähren sich in irgendeiner Weise nach Plan: Vegetarisch oder vegan, laktosefrei oder glutenarm, schwören auf Superfoods wie Soja und Chia. Über gesundes Essen wird viel geredet. Natürlich geht das an mir nicht vorbei. Auch ich möchte meine Familie und mich möglichst gut ernähren.

Aber: Ich möchte aus unserem Essen keine Wissenschaft machen. Ich möchte nicht ständig darüber debattieren und meiner Familie und mir nichts verbieten, nicht zu oft Nein sagen. Es gibt keine verbotenen Lebensmittel bei uns. Die Menge macht's. Und die Vielfalt.

Was mir wichtig ist: Ich achte darauf, woher unsere Lebensmittel stammen. Ich möchte, dass wir uns möglichst regional ernähren. Ich kaufe viel Obst und Gemüse, am liebsten auf dem Markt. Meistens kaufe ich Bio – es sei denn, die Bio-Gurke ist eingeschweißt und kommt aus Spanien. Ich versuche Brot so oft wie möglich selbst zu backen, um unnötige Zusätze zu vermeiden. Und um meinen Kindern zu zeigen, wie viel Arbeit in einem Brot steckt.
Wir essen kaum Wurst, aber ab und zu gern Fleisch – immer in Bioqualität, am liebsten vom Biohof nebenan oder aus der kleinen Metzgerei im Nachbardorf. Wir trinken Milch vom Milchhof, die morgens in dickbäuchigen Flaschen vor unserer Haustür wartet. Wir haben uns den Hof angeschaut und die Kälbchen gesehen, die noch eine ganze Weile die Milch ihrer Mütter trinken dürfen. Ich koche mit gutem Gefühl häufiger Kartoffeln als Quinoa, hole Erdbeeren vom Feld, wenn sie reif sind, statt Acai-Beeren aus der Tüte im Bio-Supermarkt, werfe Haferflocken in mein Müsli statt Amaranth und koche mit Butter, guter Butter. Dabei denke ich an meine Omi. Ich finde, dass eine ausgewogene Mischkost für Kinder das Beste ist – und entspannte Eltern in Sachen Essen. Das muss aber jede Familie für sich allein entscheiden.
Bei uns gibt es auch mal Tiefkühlpizza, Fertigpommes oder Toastbrot. Genau wie Kichererbsen, Kokos und Avocado von weither. Unsere Küche ist so bunt wie unser Haus, so bunt wie der Ort, in dem wir leben. Sie ist inspiriert von unserer Familie, von Freunden und von unseren Urlauben. Kochen ist für mich auch reisen, bloß ohne Kofferpackstress. Kochen ist meine Flucht aus dem Alltagsgenöle, die einzige Tätigkeit, die ich im Haushalt wirklich gern mache. Kochen entspannt mich – fast immer. Wenn es mich an wirklich hektischen Tagen nicht entspannt, dann lasse ich es. Dann gibt es eben Brot.

Ich werde euch in diesem Buch nicht versprechen, dass euer Kind alles mögen wird. Oder, dass eure Mahlzeiten dank unserer Rezepte und Tipps plötzlich immer harmonisch sein werden. Auch nicht, dass euer Kind nie mehr „Bähhh" brüllt oder keinen Apfelsaft mehr verkippt. Schon gar nicht, dass ihr schlanker, fitter, glowiger, schlauer werdet. Vielleicht aber ein bisschen entspannter. Vielleicht denkt ihr öfter: „Ach wie schön!" Das wär schön. Und lecker wird's natürlich! ////

INHALT

18
WAS ZUM WACHWERDEN

46
SCHNELLES NACH DER SCHULE

70
MAMAS LUNCHDATE

96
BACKLIEBE

128
WAS ALLE ABENDS LIEBEN

162
WENN FREUNDE KOMMEN

204
ABENTEUERESSEN UND COUCH-SNACKS

226
WAS SÜSSES FÜR DIE SÜSSEN

4 Was wir essen • **8** Gern eine Prise Nostalgie • **12** Rituale als Stärke in der Familiensoße • **15** Unsere Essensregeln • **16** Lebensmittel die ich liebe – Und geliebter Küchenkram • **248** Unsere Rituale quer durchs Jahr • **251** Aus Kindern Gerneesser machen • **252** Register • **254** Wochen-Essensplan

Gern eine Prise Nostalgie

Vielleicht ist es naiv, in der heutigen Zeit ein Kochbuch zu schreiben. Ich bin schließlich keine Köchin. Ich bin keine Ökotrophologin, ich backe nicht zuckerfrei, koche nicht nach dem Paleo-Prinzip – und Kohlehydrate sind für mich oft die Krönung. Jeder kann heute im Netz blitzschnell Rezepte für alles finden. Aber: ich habe etwas gelernt: Was mir und meiner Familie am besten schmeckt, sind Rezepte mit Geschichten. Geschichten darüber, wann und wie es ein Essen zum ersten Mal gab und wer es gekocht hat. Geschichten über Essen mit Freunden und von besonderen Ess-Orten. Ich bin ein großer Fan davon, Kindern mit der Magie der Nostalgie Lust auf Essen zu machen. Mit Suppe, die auf magische Weise gegen Schnupfen hilft oder einem Nachtisch, der Klassenarbeitskummer wegzaubert. Mein Buch ist ein Plädoyer für gemeinsame Mahlzeiten und für einen bewussten, aber entspannten Umgang mit Essen.

Meine Rezepte füllen hoffentlich nicht nur Mägen, sondern Seelen. Ich glaube, genau das ist das Geheimnis, um aus Kindern Gern-Esser zu machen (siehe Tipps auf Seite 251). Eine Suppe schmeckt so viel besser, wenn man dazu Geschichten von Oma erzählt, die sie immer gekocht hat. Die russischen Teigtaschen Pelmeni (Seite 141) sind lecker, aber noch lustiger schmeckt die Geschichte dazu, wie Mama gelernt hat, sie zu machen. Und die Geschichte über unser Pilz-Pasta-Glück (Seite 138) macht mich einfach glücklich.

Das ist es: **Essen macht uns glücklich.** Und verbindet. Gemeinsame Mahlzeiten treiben uns aus allen Ecken zusammen und binden uns gemeinsam an einen Tisch wie ein Kofferband (ob wir immer wollen oder nicht). Dieses Buch steckt voller Lieblingsgerichte. Rezepte mit Kugelschreiber auf linierte Notizzettel geschrieben, oft mit Teigspritzern verziert. Manche Rezepte sind bodenständig, manche exotisch. Es sind viele Gerichte dabei, die Kinder mögen – und Eltern auch. Viele Rezepte gehen fix, eignen sich daher gut für unter der Woche. Andere sind aufwendiger, für all die Wochenenden, Feiertage und Treffen mit Freunden.

Zu jedem Rezept und zu Beginn jedes Kapitels erzähle ich euch außerdem von unserem wilden Familienleben auf dem Land. Erzähle, wie wir versuchen, es uns schön zu machen und das Leben zu genießen. Zeige ein paar Deko- und DIY-Ideen, die schnell gehen und nicht die Welt kosten. Erzähle von unseren Tischregeln und unseren Essritualen.

Gemeinsam lecker zu essen bindet Freundschaften wie Speisestärke. Und damit es nicht bloß unsere Ess-Geschichten und Lieblingsrezepte bleiben, habe ich reichlich Platz für eure gelassen. Damit dieses Buch nicht nur unser, sondern auch euer Rezeptschatz ist. ////

Kennt ihr die Intuitiv-Essen-Bewegung? Ich finde den Ansatz spannend! Dahinter steckt die Idee, sich nicht von den Lifestyle-Ess-Religionen verrückt machen zu lassen. Sondern in Sachen Essen wieder mehr auf sein Bauchgefühl zu hören. Mehr Infos dazu gibts im Internet.

„Zuhause ist da, wo mein Lieblingsessen blubbert"

Rituale als Stärke in der Familiensoße

Früher hatte ich Angst, es würde langweilig werden, wenn wir und unsere Freunde irgendwann alle Kinder haben und wir nicht mehr feiern könnten. Das war zum Glück ein Irrtum. Denn wir feiern immer noch – heute am liebsten in der Küche. Beinahe jeden Freitag und Samstag laden wir Freunde ein und ich liebe es, mir zu überlegen, was es zu essen geben soll und bei lauter Musik zu kochen und zu dekorieren. Meine Kinder teilen die knisternde Vorfreude.

Noch so ein Familienritual: Gemeinsam backen. Alle meine Söhne lieben es. Tatsächlich ist Backen in all meinen Jahren als Mama meine liebste Geheimwaffe geworden. Sobald es bei uns zuhause Streit oder nicht enden wollende Langeweile gibt, hole ich das Mehl und eine Rührschüssel heraus. Meist von selbst kommen dann ein paar Kinderfüße angelaufen – barfuß über den Dielenboden. Es werden Hocker herangeschoben und dann geht es los. Ich habe es mir längst abgewöhnt, schlechte Laune zu bekommen, weil es hinterher wie auf dem Schlachtfeld aussieht. Die kleinen Knethände, die teigverschmierten Münder und die leuchtenden Augen sind es mir wert. Backfrieden! Bis der Kuchen auf dem Tisch steht und jeder das erste Stück will...

Wenn ich darüber nachdenke, haben fast alle unserer Familienrituale mit Essen zu tun. Da ist das Ferienfeuer am letzten Schultag vor den Sommerferien. Das Couchpicknick am Freitagabend beim Film. Unsere Bethmänner-Backerei am Martinstag, Hefe-Hasen an Ostern. Unser Festmahl an Weihnachten. Selbstgemachte Limo an Sommernachmittagen. (Mehr über unsere Rituale auf Seite 248). Mein Lieblingsritual in Sachen Gesundheit: Unsere Gemüsedose, neuerdings auch Mäusedose genannt (Seite 49). Ich schnippele jeden Morgen einen Berg Möhren, Gurke, Paprika, Äpfel und die Kinder dürfen sich den ganzen Tag daran bedienen. Sie dürfen bei mir auch während des Kochens aus dem Topf naschen. Und ich freue mich, wenn sie jedes Essen probieren (müssen sie aber nicht). Wer etwas nicht mag, bekommt bei uns immer eine Scheibe Brot mit Butter als Alternative („Unsere Essensregeln" auf Seite 15).

Apropos Regeln. Vor kurzem habe ich in einem neuen Familienkochbuch gelesen, es wäre nicht so wichtig, wie Kinder essen, sondern nur was. Ich finde das nicht. Ich sehe in den Schulen leider jede Menge Kinder, die die simpelsten Verhaltensregeln beim gemeinsamen Essen in der Gruppe nicht mehr beherrschen und ich finde das traurig. Natürlich darf ein Einjähriger im Hochstuhl herummatschen, auch ein Zweijähriger darf die Kartoffel mit der Hand in den Mund stecken, wenn es mit der Gabel noch nicht geht. Kinder sollen Essen begreifen. Aber irgendwann können – und wollen – Kinder lernen, wie Erwachsene zu essen. Und haben Spaß daran. Ich finde es ist unsere Aufgabe, es ihnen beizubringen und eine Esskultur zu prägen. Was nicht ausschließt, ab und zu mal ein Räuberessen zu veranstalten, bei dem alle mit den Händen essen und schmatzen dürfen.

Falls ihr euch jetzt fragt, wie bitte all das in der Alltagshektik gehen soll, wenn gern mal zwei Kinder schreien und eins mit Spinat schmeißt und gleichzeitig das Nudelwasser überkocht, kann ich euch beruhigen: Ihr seid nicht allein, wir sitzen alle in derselben, brutzelnd heißen Pfanne.

Ich möchte mit diesem Buch Lust machen auf viele gemeinsame Mahlzeiten. Weil ich sicher bin, dass sie Familien zusammenkleben wie Ahornsirup. Dass sie ein Lieblingsritual werden, ein Moment, auf den sich alle freuen, in dem alle durchatmen nach einem stressigen Tag und sich erzählen, was sie gemacht haben. Das geht nicht alles sofort, das geht nicht ohne Streit. Das ist ein Prozess. Ich erzähle euch in diesem Buch, wie es bei uns besser wurde.

Was mir immer hilft? Mich daran zu erinnern, dass meine Kinder ganz schnell groß werden. Zumindest zwei gehen schon jetzt immer öfter ihre eigenen Wege. **Ich möchte, dass sie, egal was ihnen draußen passiert, was sie hören und sehen und erleben müssen, wissen, dass zuhause unser großer Tisch steht, mit Essen darauf, das sie lieben. Und mit uns drumherum, die sie lieben.** ////

Ich glaube fest daran, dass der Stress hinter dem Drang in Sachen Essen alles richtig zu machen, für den Körper schädlicher ist, als ab und zu Weißmehl, Zucker oder mal ein Fertiggericht.

BARFUSS IN DER KÜCHE

unsere essensregeln

1. Meist kocht Mama – und die Kinder decken den Tisch: Einer Teller, einer Besteck, einer Gläser. Kindergeschirr habe ich verbannt. Wir benutzen ein günstiges Geschirr für alle; die Kinder bekommen kleine Teller. Ich habe das Gefühl, das bringt Ruhe in unsere gemeinsamen Mahlzeiten.

2. Wir überlegen täglich gemeinsam, wie wir unseren Tisch mit einfachen Dingen hübsch machen können: mit ein paar Blumen, Blättern oder Kerzen.

3. Beim Kochen darf gern geholfen und probiert werden. Knabbergemüse und -obst darf zu jeder Zeit genascht werden.

4. Auch bei uns gilt: Mama und Papa bestimmen (meistens) was es gibt, die Kinder – ob und wie viel sie davon essen.

5. Es gibt keine Überredungsspiele. Nur wer mag, probiert. Wer nichts mag, isst Knabbergemüse und/oder ein Butterbrot.

6. Spielzeug, Zeitung, Bücher oder Handys sind am Tisch streng verboten. Für alle.

7. Auch verboten: Schmatzen, schlürfen, Arm aufstützen oder mit vollem Mund reden. Auch Kinder können das!

8. Wenn die Kinder fertig sind, warten sie auf die Kinder, die noch nicht fertig sind. Essen sehr unterschiedliche Altersstufen am Tisch, warten die Kleinen auf die Kleinen und die Großen auf die Großen.

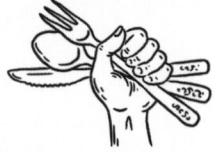

9. Nach dem Essen trägt jeder seinen Teller, sein Besteck und sein Glas selbst zur Spüle. Danach hilft jeder beim Abdecken, bis der Tisch leer ist.

Lebensmittel die ich liebe

HAFERFLOCKEN
So simpel, so gut. In unserem Nutola (Seite 27). Und in den Frühstücksmuffins (Seite 24).

ZWIEBELN
Es gibt kaum ein Gericht, dass man nicht mit ein paar karamellisierten Zwiebeln noch besser machen könnte. Okay, Erdbeer-Biskuitrolle vielleicht nicht… Aber zum Beispiel Gnocci (Seite 154). Und Pizza (Seite 176).

ÄPFEL
Wir haben eine riesengroße Apfelwiese hinter dem Haus, mit einem Dutzend knorriger Apfelbäume. Sie ist unser großes Glück. Zum Draufklettern, zum drunter Picknicken, für Pflückparties und zum Aufessen natürlich.

ERDBEEREN
Hey, es sind Erdbeeren.

AHORNSIRUP
Liebe ich auf den fluffigsten Pancakes, in der Nuss-Bananen-Soße dazu (Seite 38) und in meiner Lieblingsvinaigrette (Seite 185).

KÜRBIS
Im September denke ich jedes Jahr, ich mag den Herbst nicht. Und dann kommt der Kürbis. Und dann mag ich den Herbst doch. (Kürbissuppe (Seite 147), Kürbisbrot (Seite 147).

ERBSEN
Meiner Meinung nach völlig unterschätzt. Eins der wenigen Gemüse (neben Mais), das alle meine Kinder auch im warmen Zustand gern essen. Und es macht so einen Spaß, sie im Garten zu sähen und ihnen beim Ranken zuzusehen.

BUTTER
Butterweich ist eins meiner Lieblingswörter. Und ich mag einfach ihren Geschmack.

KRÄUTER
Ich habe Dill, Petersilie, Basilikum, Thymian, Salbei, Minze und Rosmarin im Kräuterbeet neben der Eingangstür. Bloß Koriander geht mir immer schnell ein. Den kaufe ich jede Woche im türkischen Supermarkt und stelle ihn als Strauß im Wasserglas auf die Fensterbank. Dill mag ich eigentlich am liebsten. Ich verstehe gar nicht, warum Dill nicht gehyped wird wie Koriander. Ich liebe ihn in meiner Vinaigrette und in Tante-Mimis-Salatsoße (Seite 185), auf Lachs (Seite 189) und Pizza (Seite 189).

Und geliebter Küchenkram

CAIPISTÖSSEL
Mein Mann schleppte ihn irgendwann mit verschwörerischem Grinsen an und plante, die Caipisausen unserer 90er Jahre-Jugend aufleben zu lassen. Hat nicht geklappt. Ich benutze ihn aber öfter. Zum Beispiel für den weltbesten Hummus (Seite 83).

MULLTUCH
War mal das Schnuffeltuch meiner Kinder. Muss ich zum Glück nicht wegwerfen, weil man es immer gebrauchen kann. Zum Beispiel für die Zuchini-Buletten (Seite 88) und den Dattel-Gurken-Minze-Salat (Seite 80).

KARTOFFELPRESSE
So richtig gut wird Kartoffelbrei bloß damit. Und meine Knödel für Anfänger (Seite 199). Und meine Granatapfellimo (Seite 239). Und unser Not-Nachtisch (Seite 232).

SCHARFE MESSER
Früher habe ich mir unzählige Klamotten gekauft – heute gebe ich mein Geld für richtig gute Messer aus. Sind eh schärfer.

HÄCKSLER (FOOD-PROCESSOR)
Dachte lange, dass ich sowas nicht brauche. Jetzt hat mir meine Schwiegermutter einen geschenkt, von dem sie dachte, sie brauche ihn nicht. Seit ich ihn brauche, glaubt sie, sie braucht ihn auch. (Zum Beispiel für die Fruchtschnitten.)

GROSSER BRÄTER
In den großen, mattschwarzen, basketballförmigen Bräter meiner Oma könnte ich mich reinlegen. Passt leider nicht. Aber meine beiden Lieblings-Braten, Knusper-Braten und Rehbraten (Seite 148 und 171).

PS: Noch was: Unser Ofen ist eine lahme Socke, kann also sein, dass deiner nicht ganz so lange braucht.

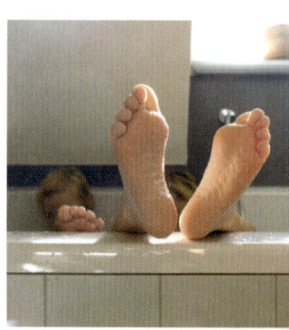

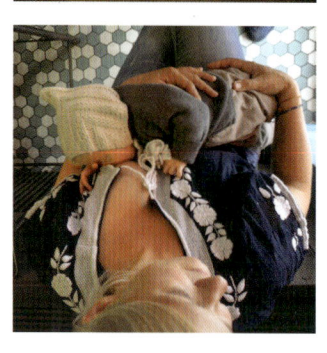

WAS ZUM WACHWERDEN

Im Sommer wecken mich Sonnenstrahlen.
Oder ein bis fünf Fliegen.
Im Winter sehe ich vor lauter Nebelsuppe
vor dem Schlafzimmerfenster
den Hühnerstall nicht.

Von Schlummertasten und Obstmandala

Jeder Alltagsmorgen beginnt bei mir mit dem selben Gedanken: „Noch fünf Minuten." Und damit, dass ich die Schlummertaste am Handy drücke. Klingelt der Wecker das nächste Mal, schiebe ich vorsichtig einen kleinen, weißblonden Flaumhaarschopf von meinem Arm, hebe einen kleinen, braunen Fuß von meinem Bein, schleiche ich mich aus dem Bett, dusche, ziehe mich an und wecke die beiden Großen. (Okay, manchmal dusche ich nicht. Und ziehe mich auch nicht an. Geweckt habe ich aber zum Glück bislang immer!)

Einer meiner Söhne ist immer sofort wach und redet viel. Einer redet gar nicht. Ich am liebsten auch nicht. Zum Glück wissen meine Arme allein, was sie an Alltagsmorgenden zu tun haben: Sie stellen Müslischalen hin, legen Löffel daneben. Holen die Müslidose mit Nutola aus dem Schrank (Seite 27) und die Milch aus dem Kühlschrank. Die Aussicht auf Kaffee knipst mein Lächeln an. Ein Blick zur Uhr den Brotdosen-Turbo Fruchtschnitte (Seite 27).
Wenn alles gut läuft, laufen die beiden Großen zu Fuß zur Schule. Wenn ein verschwundener Turnschuh, eine vergessene Regenjacke oder ein Streit um das einzige passende Paar Socken dazwischen kommen, bringe ich sie mit dem Auto zur Straßenecke kurz vor der Schule. Damit schaffen wir es zum Glück gerade so immer pünktlich.
Dann wecke ich die Kleinen. Es braucht eine riesige Schüssel mit Müsli, um sie wach zu kriegen und eine weitere Schüssel, prallgefüllt mit Motivation und Vorlesebüchern und Kuscheln und angezogenen Kuscheltieren, um sie glücklich in den Kindergarten zu bekommen. Wenn sie dort sind, gehe ich ab und zu laufen. Danach mache ich mein Müsli oder Porridge (Seite 141) - und mein Laptop an.

Verrückt ich weiß, aber auch an Wochenendmorgenden lasse ich den Handyalarm klingeln. Nur um das Vergnügen zu haben, die Schlummertaste mindestens fünf Mal zu drücken. Von unten höre ich Hörspielgemurmel. Manchmal Kinderstreit. Bei Gemurmel stehe ich auf. Bei Streit bleibe ich einfach liegen. Auf dem Weg nach unten, barfuß Holztreppenstufe nach Holztreppenstufe, freue ich mich auf einen Kaffee auf dem Sofa und meine Magazine. (Zwei von vier Kindern sind eigentlich immer schon wach, die anderen beiden schlafen noch. Der Mann auch). Ich liebe entspannte Samstagmorgende – bis ich die Frühstücksstadt auf der Küchenbinsel sehe: Dosenhäuser, Packungskirchtürme, Milchseen, Krümelstraßen …

„Ach nö… Könnt ihr das bitte wegpacken!?"

„Hallo, Jungs! Packt bitte euer Zeug da weg!"

„Juuuungs!? Hey, könnt ihr bitte euren Kram selbst wegpacken!!!"

„Verdammt noch mal! Jetzt reicht's mir aber. Packt jetzt euer Zeug da weg! Wie oft habe ich das schon gesagt? Jeder muss hier mithelfen. Ich bin doch nicht die Bedienung. Wenn ihr euch was zu essen macht, räumt nachher halt wieder auf...!"

„Hallo, Mama. Was hast du gesagt?"

Am Sonntagmorgen decken hier manchmal die großen Kinder den Tisch. Manchmal auch nicht. Ich mag meist gar nicht aufstehen von meiner Sonntagmorgen-Gemütlichkeit mit meinem Kaffee auf der Couch. Aber die Kinder haben Hunger. Alle vier sind inzwischen wach. „Wer mag ein Ei?", frage ich. „Ich." „Ich!" „Ich." „Bo auch!", ruft einer. „Ei!", ruft Bo. Das Eierwasser blubbert, die Kinder diskutieren, wer heute die Lieblingstasse darf.
„Fertig gedeckt!", ruft der Vierjährige stolz. Wenn die beide Großen nicht decken mögen, mag manchmal er. „Hast du toll gemacht!", sage ich. (Und tausche die Suppenteller heimlich gegen Frühstücksteller.) Ich freue mich riesig über das winzige Gänseblümchen im Glas, das er draußen für mich gepflückt und auf den Tisch gestellt hat. Als ich die Eier abgegossen habe und zum Tisch trage, sitzt der Zweijährige auf dem Tisch. Po in der Butter, Käsescheibe im Gesicht. Und grinst.

An Sonntagmorgenden lege ich Butter und Käse auf eine hübsche Platte, fülle Frischkäse in eine Schale, schnippel Obst, Banane, Apfel, Birne, Weintraube, alles was ich so finde, und lege daraus manchmal sogar ein Mandala. „Boah, wie schön!", rufen die Kinder und mopsen jeder ein Apfelstück, als ich fertig bin. „Finger weg!", sage ich und stelle den Teller bis wir essen hoch oben auf den Kühlschrank.
Beim Essen streiten die drei großen Kinder, wer das größte Ei bekommt. Der Gewinner pellt schließlich glücklich sein Ei – bis es ausläuft. Eigelbsoße tropft auf Teller, Tisch, Boden und Socken. Während ich wische, reicht einer dem anderen die Marmelade – mit einem viel zu großen Messer im kleinen Glas. Das Messer fällt herunter: Erdbeermarmelade auf dem Tisch, der Hose, dem Boden. Während ein Sohn und ich unten Ei und Marmelade aufwischen, singt oben einer ein eben ausgedachtes Wischlied für uns.
Schließlich kauen alle Brote mit Lieblings-Erdbeermarmelade (Seite 32). Links und rechts und gegenüber sehe ich erdbeerrote Lippen und Krümel am Kinn. Die Sonntagssonne malt Muster auf unser Frühstückstischgewimmel. Der Zweijährige steckt mit dem Kopf in der Kakaotasse. Draußen spaziert die Katze ums Haus, die Graue, die, die uns jeden Sonntag besucht. Durch das Fenster sehen wir unsere Kaninchen Männchen machen. Der Holunder blüht. Der Tag hat tausend Ideen – die Kinder auch. Ich trinke Kaffee und schaue lächelnd von Erdbeermarmeladenmund zu Erdbeermarmeladenmund.

Als die Kinder fertig sind, schieben sie die Teller zur Seite und spielen eine Runde UNO. Ich trinke noch einen Kaffee und frage: „Und wer räumt heute den Tisch ab?"
„Du!", rufen drei im Chor. Später beim Spülen, als ich alles abgeräumt habe und die Jungs durchs Fenster über die Wiese rennen sehe, fällt mir das Obst-Mandala auf dem Kühlschrank wieder ein.////

FRÜHSTÜCKSMUFFINS

Diese Muffins sind perfekt fürs Frühstück, weil sie nicht zu süß und sogar richtig gesund sind. Es ist kein Zucker drin, deshalb sind sie sogar in der Schulfrühstückspause der Jungs erlaubt. Und ich backe gern einen Haufen davon, bevor wir in den Urlaub fahren. (Bislang nicht mal Himbeerflecken im Auto!) Ich habe das Rezept von meiner Freundin Julia. Die hat es ursprünglich mal von ihrer Freundin Kochgöttin Donna Hay. Julias Muffin Variante ist aber noch viel besser. (Sorry, Donna!)

FÜR 10 STÜCK

1 Banane (gern weich)
1 Apfel
1 Ei
2 Esslöffel Honig
1½ Teelöffel Backpulver
½ Teelöffel Zimt
1 Esslöffel Mandelmus
1 Päckchen Vanillezucker
1 Prise Salz
100 Gramm griechischer Joghurt
50 Gramm Haferflocken
150 Gramm Dinkelmehl Typ 1050
200 Milliliter Buttermilch
100 Gramm Himbeeren (frisch oder tiefgekühlt)

Banane zermatschen, Apfel schälen und in kleine Würfel schneiden. Banane, Ei, Honig, Backpulver, Zimt, Mandelmus, Vanillezucker, Salz, Joghurt, Haferflocken, Mehl und Buttermilch verrühren. Apfelwürfel untermengen. Zum Schluss die Himbeeren vorsichtig unterheben. Den Teig in kleine Muffinförmchen füllen und bei 170 Grad Ober- und Unterhitze für 25 bis 30 Minuten backen, bis sie hellbraun sind.

Manchmal gibt es Momente, da habe ich Lust auf Weißmehl und echten Zucker, manchmal fühle ich mich besser ohne. Diese Muffins sind für genau diese Tage.

FRUCHTSCHNITTEN

Meine Kinder lieben Fruchtschnitten. (Ich auch!) Sie sind ein super Zwischensnack und mein Notnagel für die Schul-Brotdosen, falls ich mal wieder vergessen habe Brot zu kaufen oder zu backen. Ich habe angefangen, sie selbst zu machen, nachdem ich ausgerechnet habe, wie viel mich die gekauften Fruchtschnitten im Monat bei unserem Bedarf kosten (und wie viel Plastikmüll sie produzieren). Ich schaffe es nicht immer. Aber immerhin ab und zu. Es gab übrigens lange kein Rezept, ich habe einfach alles zusammengeschmissen. Erst für dieses Buch habe ich angefangen, es aufzuschreiben. Und diese Kombination zu unserer liebsten erkoren. Vom Geschmack und der Haptik her.

FÜR ETWA 15 SCHNITTEN

Etwa 30 runde Oblaten
100 Gramm frische Datteln
100 Gramm Apfelringe
150 Gramm Nüsse
½ Teelöffel Zimt

Datteln und Apfelringe in kleine Stücke schneiden, im Häcksler (Food-Processor) zu Mus verarbeiten. Nüsse fein hacken und im Häcksler (Food-Processor) fein mahlen. Dattel- und Apfelmus, sowie Nussmatsch mit Zimt verkneten. Jeweils einen Esslöffel auf eine Oblate geben und verteilen, eine zweite Oblate obendrauf geben. Fest zusammen drücken. Fertig.

KNUSPER-NUTOLA

Granola mit vielen Nüssen heißt — natürlich Nutola. Unsere Lieblings-Müsli-Mischung steht immer in einem großen Glas in der Küche und meine Jungs und ich frühstücken das Nutola während der Woche fast jeden einzelnen Morgen, am liebsten mit Joghurt und ein paar frischen Früchten.

FÜR 400 GRAMM KNUSPER-NUTOLA

100 Gramm Nüsse (wir nehmen gemischte)
100 Gramm Kerne Mix
100 Gramm grobe Haferflocken
100 Gramm feine Haferflocken
1 Teelöffel Zimt
5 Esslöffel Ahornsirup
2 verquirlte Eiweiß

Den Ofen auf 150 Grad Ober- und Unterhitze vorheizen. Ein Backblech mit Backpapier auslegen. Nüsse, Kerne, Haferflocken und Zimt mischen, dann die feuchten Zutaten dazugeben. Gut vermischen. Auf dem Backblech verteilen und im heißen Ofen 40 Minuten rösten. Vorsichtig mithilfe eines Ofenhandschuhs in grobe Stücke brechen, durchmischen und weitere zehn Minuten rösten, bis sie leicht gebräunt und knusprig sind. Nach dem Abkühlen eventuell mit einem großen Messer kleiner hacken.

BUTTERMILCHBROT

Ein wunderbares Brot, innen saftig, außen knusprig und wirklich ganz einfach zu backen. Bloß kneten muss man den Teig wie verrückt. Wir haben keine Küchenmaschine, aber einen Hobbykneter: Mein größter Sohn macht das zum Glück mit Leidenschaft und Muskeleinsatz. Ich wollte für das Buch herausfinden, welche tolle Freundin mir mal dieses Rezept aufgeschrieben hat – kann mich aber leider nicht mehr daran erinnern. Eine mit Sauklaue, auf jeden Fall, hoho.

EIN GROSSER LAIB

- 500 Gramm Buttermilch
- 400 Gramm Dinkelmehl Typ 1050
- 400 Gramm Dinkelmehl Typ 630 oder Weizenmehl Typ 550
- 1 Würfel Hefe
- 2 gehäufte Teelöffel Salz

Beide Mehle in eine Rührschüssel geben, mit der Faust eine kleine Mulde ins Mehl drücken, etwa 100 Gramm Buttermilch hineingießen und die Hefe hineinbröseln. Die Hefe zwanzig Minuten arbeiten lassen.

Danach die restliche Buttermilch und das Salz dazugeben, alle Zutaten unbedingt gut verkneten (gern zehn Minuten!). Eine Stunde gehen lassen. Einen Brotlaib formen, mit Mehl bestäuben und im vorgeheizten Backofen bei 200 Grad Ober- und Unterhitze etwa 50 Minuten backen. Dabei eine kleine ofenfeste Schale mit Wasser in den Backofen stellen. Das Brot sofort nach dem Backen mit Wasser bespritzen.

André und ich nutzen die App ‚Bring' als mobilen Einkaufszettel. Ich liebe sie. Sie schützt uns vor zwei Dutzend überreifen Bananen und mehr Klopapier, als in unseren Hauswirtschaftsraum passt. Wovor sie nicht schützt: vor riesigen Mengen Brot im Gefrierschrank. Weil ich nämlich aus Bequemlichkeit oft Brot! eingebe, obwohl ich eigentlich die Backzutaten für das Buttermilch-Brot kaufen will. Wenn André dann zuerst einkaufen fährt, bringt er aber eben genau das mit: ein großes Brot. Zum Glück kann man Brot so gut einfrieren. Und ich? Gelobe (mal wieder) „Bring"-Besserung.

SCHÜTTEL-BUTTER

Butter selbst machen ist ein riesengroßer Spaß und wirklich kinderleicht. Manchmal drehen wir dabei die Musik ganz laut und schütteln im Takt. Das ist dann Butter-Disko! Eine Viertelstunde kräftiges Schütteln braucht es schon, also tut es gut sich dabei abzuwechseln. Und dabei zuzusehen, wie aus der Sahne erst Schlagsahne und dann tatsächlich Butter wird, ist jedes Mal wieder eine Zaubershow.

FÜR EIN KLEINES SCHÄLCHEN VOLL BUTTER

1 Becher Sahne
Salz
eventuell gehackte frische Kräuter
eventuell ein wenig Knoblauch

Einen Becher Sahne in ein Marmeladenglas füllen, gut verschließen und kräftig schütteln. Erst wird die Sahne steif, dann wird's Butter. Wir drücken sie einmal durch ein Mulltuch trocken und salzen sie. Manchmal werfen wir noch ein paar gehackte Kräuter hinein. Manchmal auch ein bisschen zerdrückten Knoblauch.

Schon Wochen vor ihren Geburtstagen überlegen meine Jungs, welches Motto sie sich für ihren nächsten Geburtstag wünschen. Pferdeparty ist immer sehr beliebt, wenn sie gerade mal wieder reiten waren. Löwenparty, wenn sie im Fernsehen eine Tierreportage gesehen haben. Mein kleiner Mittlerer wünscht sich jedes Mal eine Butterparty, wenn wir mal wieder selbst Butter gemacht haben.

ERDBEER-VANILLE-MARMELADE

Der klebrig süße Duft von blubbernder Marmelade auf dem Herd ist für mich der Inbegriff von Sommer. Und natürlich meine vier Jungs davor, mit roten Flecken vom Blondkopf bis zu den erdfarbenen Füßen. Wir kochen immer gleich ein Dutzend Gläser voll, damit sie für ein Jahr reichen. Und ja, wir haben auch schon exotischere, aufregendere Marmeladenvarianten probiert. Landen aber immer wieder bei dieser. Einfach die Beste. Das Rezept ist von meiner Oma. Die war mal Erdbeerkönigin. Also für mich…

FÜR ETWA 700 GRAMM

- **500 Gramm Erdbeeren**
- **250 Gramm Gelierzucker 2:1**
- **1 Vanilleschote**

Erdbeeren waschen und putzen. Die Vanilleschote einschneiden und das Mark herauskratzen. Erdbeeren und Vanillemark in einen großen Topf geben und fein pürieren. Den Gelierzucker dazugeben, gut umrühren und alles unter ständigem Rühren zum Kochen bringen. 5 Minuten köcheln lassen. (Bitte nicht länger, dann wird die Marmelade dunkel und verliert ihre wunderbar knallrote Farbe.) Zur Sicherheit eine Gelierprobe machen. Die heiße Masse sofort in bereitstehende, ausgekochte Marmeladengläser füllen, die Deckel zu schrauben und die Gläser mindestens 20 Minuten auf den Kopf stellen. Vor dem Wegräumen die Marmelade ganz auskühlen lassen.

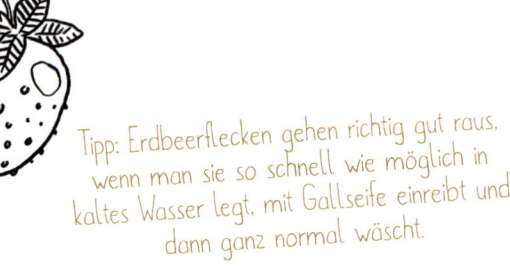

Tipp: Erdbeerflecken gehen richtig gut raus, wenn man sie so schnell wie möglich in kaltes Wasser legt, mit Gallseife einreibt und dann ganz normal wäscht.

SONNTAGS-BRÖTCHEN

Während meines Studiums habe ich als freie Mitarbeiterin bei einer niedersächsischen Tageszeitung gearbeitet. Klar musste ich sie alle abklappern: die Kaninchenzüchtervereine, die achtzigsten Geburtstage und die Jubiläumsfahrten der Bäckerei-Innung. Auf einer dieser Fahrten hat mir ein Bäcker einmal dieses einfache, aber unglaublich leckere Sonntagsbrötchenrezept verraten. Was für ein Glück!

FÜR 8 BRÖTCHEN

- 500 Gramm Weizenmehl Typ 405
- ½ Stück frische Hefe
- 1 Esslöffel Butter
- 2 Teelöffel Salz
- 1 Esslöffel Zucker
- 230 Milliliter Wasser
- 1 Ei
- Nüsse, Mohn, Sesam, Sonnenblumen- oder Kürbiskerne zum Bestreuen

Mehl mit dem lauwarmen Wasser in eine Schüssel geben. Weiche Butter und Zucker dazugeben. Die Hefe hineinbröseln. Zum Schluss das Salz dazugeben. Erst mit den Knethaken des Mixers verrühren, dann mit den Händen ordentlich durchkneten. (Gern zehn Minuten lang!) Den Teig für 20 Minuten an einem warmen Ort gehen lassen. Dann kleine Kugeln in Mandarinengröße formen und auf ein Backblech legen. Mit einem verquirlten Ei bestreichen und nach Belieben mit Nüssen, Mohn, Sesam, Sonnenblumen- oder Kürbiskernen bestreuen. Noch einmal 30 Minuten gehen lassen. Backofen auf 230 Grad Ober- und Unterhitze vorheizen. Auf 200 Grad reduzieren und die Brötchen 20 bis 25 Minuten goldgelb backen. Dabei eine ofenfeste Schale mit Wasser dazustellen. Die Brötchen nach dem Backen sofort mit Wasser bespritzen.

Diese oberleckeren Brötchen, zusammen mit der Nuss-Nugat-Creme-Erlaubnis am Wochenende plus ein paar Lieder Sofadisko am Freitag Nachmittag, um das Wochenende einzurocken, bringen mir bei den Jungs gleich etliche Punkte in Sachen coole Mama.

PANCAKES MIT NUSS-BANANEN-SOßE

Als unser größter Sohn fast ein Jahr alt war, fuhren André und ich vier Wochen lang von New York bis nach Maine. Drei Nächte wohnten wir bei einer älteren Dame mit Blumenschürze, violettem Haar und zwei schwarzen Schaukelstühlen auf der Veranda. Die Luft roch nach Salz, unsere Füße machten Spuren auf dem sandigen Holzboden, unser Sohn hatte gerade Laufen gelernt und tapste vorweg — und die Hausherrin servierte uns jeden Morgen diese fluffigen Pancakes mit süßer Soße.

FÜR 2 PERSONEN

Pancakes:
250 Gramm helles Weizenmehl Typ 405 oder Dinkelmehl Typ 630
1 Esslöffel Zucker
3 Teelöffel Backpulver
1 Teelöffel Natron
1 Prise Salz
1 Päckchen Vanillezucker
2 Eier
400 Milliliter Buttermilch
1 Esslöffel Butter plus einen Klecks zum Braten
Sonnenblumenöl zum Braten

Nuss-Bananen-Soße:
2 kleine Bananen
2 Esslöffel Butter
1 Esslöffel Zucker
100 Gramm Walnüsse
1 Prise Zimt
3 - 4 Esslöffel Ahornsirup

Buttermilch und Eier gut verrühren. Butter schmelzen lassen. Trockene Zutaten mischen. Buttermilch-Ei-Mischung und die geschmolzene Butter zu den trockenen Zutaten gießen und gut verrühren. Ein paar Minuten stehen lassen. In einer Pfanne in Öl und einem Klecks Butter etwa acht kleine Pancakes backen. Warm stellen. Für die Soße: Bananen in kleine Würfel schneiden, Walnüsse grob hacken. Die Butter in einer Pfanne zerlassen, die Bananen darin etwa drei Minuten weichkochen. Zucker dazu geben und schmelzen lassen. Mit Zimt würzen, Ahornsirup dazugeben und verrühren.

ILONAS BIRNEN-GRANATAPFEL-PORRIDGE

Fotografin Ilona macht nicht nur wunderschöne Fotos (beinahe alle in diesem Buch), im Winter vor zwei Jahren hat sie in Hamburg mit einer Freundin ganz spontan für drei Monate einen Pop-up-Porridge-Laden aufgemacht. Es gab dort jeden Tag den Porridge des Tages — und zwei Varianten. Der Winter war eiskalt, der Porridge heiß und die Bude proppenvoll. Trotzdem konzentriert sich Ilona jetzt (zum Glück) wieder aufs Fotografieren. Und macht ihren berühmten Porridge bloß noch für sich. Und manchmal auch für mich.

FÜR 2 PERSONEN

- 1 Tasse Haferflocken
- 2 Tassen Wasser
- 1 Prise Salz, Zimt, Muskat
- 1 Birne
- 2 Esslöffel Granatapfelkerne
- 2 Esslöffel Walnüsse
- 2 Esslöffel Ahornsirup
- Kokosöl zum Braten

Die Haferflocken mit dem Wasser aufkochen. Mit Salz, Zimt und Muskat würzen. Danach bei sehr kleiner Hitze weiterköcheln lassen, bis der Porridge breiig ist. Die Birne in Scheiben schneiden, danach bei mittlerer Hitze in Kokosöl anbraten. Anschließend die gebratenen Scheiben mit Walnüssen und Granatapfelkernen auf den Porridge verteilen. Mit Ahornsirup begießen.

DIY

WACHSPAPIER

Kein Einwickelpapier mehr für unsere unzähligen Pausenbrote zu benutzen, ist einer meiner einfachen Schritte in Richtung Nachhaltigkeit. Wachspapiere lassen sich ganz einfach selbst herstellen, machen mit ihren Mustern gute Laune und mit meiner kombinierten Backofen-Bügeleisen-Methode gibt es auch keine unappetitlichen Wachsberge mehr.

Stoffquadrate aus 100 Prozent Baumwolle (20 Zentimeter mal 20 Zentimeter, gern dunkle Stoffe) 100 Gramm reine Bienenwachspastillen

Ein Backblech mit Backpapier auslegen. Stoffquadrate nebeneinander auf dem Blech verteilen. Wachspastillen wie Parmesan über die Quadrate streuen. Erst mal weniger, lieber noch einmal nachstreuen, falls unbewachste Flecken bleiben. Fünf Minuten bei 90 Grad im Backofen schmelzen lassen. Flüssiges Wachs eventuell mit einem sauberen Backpinsel verteilen. Wachspapier auf Zeitungspapier legen, ein Blatt Zeitungspapier darüber legen und kurz überbügeln. Zum Trocknen aufhängen.

Wer nicht dazu kommt Wachspapier selbst zu machen und es trotzdem mal damit probieren möchte, kann sehr hübsche im Internet bei www.little-bee-fresh.de bestellen. Dort gibt es sie in vielen verschiedenen Größen und Reparaturwachs zum Nachbestellen gibt's auch.

MEINE REZEPTE

SCHNELLES
NACH DER SCHULE

Die Stunde zwischen eins und zwei ist eine brodelnde Familiensuppe, die regelmäßig überkocht, weil jeder etwas anderes will.

Eijeijei. Und unsere Mäuse-Schale

Manche Tageszeiten scheinen es eiliger zu haben als andere. Die Morgenstunde zwischen sieben und acht Uhr zum Beispiel. Furchtbar nervös die Gute. Und dann die Stunde zwischen ein und zwei Uhr. Die blubbert hoch wie das Wasser auf dem Gasherd. Und kocht beinahe täglich über.

In der Stunde zwischen ein und zwei Uhr wollen so viele Menschen etwas zur selben Zeit: essen und ausruhen und mit mir malen und Tiere füttern und Hausaufgaben machen und Klavier üben und Last-Minute-Verabredungen mit meinem Handy machen oder von mir gemacht bekommen und mit mir ein Buch ansehen. Der Kleinste will am liebsten ein paar Tropfen Muttermilch. Die Waschmaschine will ausgepackt werden, der Postbote will seine Unterschrift. Und das alles möglichst bitte bis halb drei, bevor die Nachmittagstermine und mein Mama-Taxi starten.

Hin und wieder kocht mir wirklich etwas über, weil ich mal wieder viel zu viele Kartoffeln in einen zu kleinen Topf gepackt habe. Meiner Schwiegermutter passiert regelmäßig dasselbe, in bester Absicht allerdings, weil sie mit weniger Wasser die Vitamine erhalten will. Mir passiert es, weil unsere beiden größeren Töpfe dreckig neben der Spüle stehen. André kriegt jedes Mal zu viel, wenn es erst drüben im alten Haus seiner Eltern, in dem auch seine Kanzlei ist, nach angebrannten Kartoffeln riecht und dann bei uns. Und ich ärgere mich jedes Mal, dass ich nicht einfach die fixe Kartoffel-Möhren-Suppe (Seite 55) gemacht habe. Die ist mir noch nie angebrannt.

Ich gebe es zu, manchmal versuche ich, die Kartoffeln noch zu retten, indem ich die verbrannte Unterseite einfach abschneide. Oft wollen meine beiden hungrigen Großen gerade reinbeißen – wenn die Haustür knallt und André noch im Flur ruft: „Sind die Kartoffeln

schon wieder angebrannt?" (Seine Nase nimmt Brandaromen selbst in Nordamerika wahr.) Ich verdrehe die Augen. Die beiden Großen schieben entrüstet ihre Teller von sich. „Mama, ist das etwa angebrannt?" Ich schnaufe. „Das ist nicht angebrannt, also fast nicht. Probiert doch mal, das schmeckt okay." Ich probiere. „Na ja, fast ..." Mein Großer muss lachen. Der Mittlere kann nicht lachen. Kann er nie, wenn er Hunger hat. „Rühreier?", fragt Lasse, der Größte. Ich nicke. „Du?", frage ich. Er nickt.
Wenn wir Glück haben, läuft in diesem Moment mein Sohn Tjelle herein. Tjelle mit drei frischen Eiern in seinen Händen. Er ist der größte Hühnerfan, ein echter Tierfreund – und meist der erste im Stall. „Ist ein Glücksei dabei?", fragt Lasse, während er ein Ei am Rand der Rührschüssel aufschlägt. Tjelle nickt. Alle Eier seiner Lieblingshenne Chickaletta sind Glückseier. Zum Glück legt sie beinahe jeden Tag eins. „Möchtest du auch eins aufschlagen?", fragt Lasse. Tjelle grinst. Und nickt. „Na dann komm her!", ruft er und hebt seinen kleinen Bruder auf die Arbeitsplatte. „Was für ein Glück!", denke ich. Und mag die überkochende Mittagsstunde doch ganz gern. Bis ich den Kleinsten sehe. Er sitzt auf dem Boden, mitten in Kartoffelmatsch. Nur ein paar wenige Kartoffeln sind noch ganz – man kann die verbrannten Stellen gut erkennen.

Ich arbeite an den allermeisten Vormittagen von zuhause aus und schreibe Artikel für meinen Blog oder Magazine, bis ich alle Kinder um ein Uhr abhole. Manchmal träume ich vom perfekt vorbereiteten Mittagessen, das ich meinen Kindern gern täglich servieren würde. Aber dann nutze ich die Zeit doch meist bis zur letzten Minute zum Arbeiten. Zum Glück lieben meine Kinder Rühreier. Und zum Glück leben und legen bei uns im Garten vier Hennen. Eier brauchen wir nämlich auch für den Ofenpfannkuchen (Seite 61), der ebenfalls blitzschnell gemacht und ein absolutes Feier-Essen meiner Kinder ist und der trotzdem kein Fettfeuerwerk in die Luft jagt, wie sein Pfannenkollege.
Wenn wir schon dreimal Rührei in der Woche hatten und der Kühlschrank mal wieder leer ist (nicht selten bei vier Jungs), wenn alle ordentlich Mittagmotzen (inklusive mir!), finde ich zum Glück fast immer noch ein wenig Brot. Es darf gern auch schon etwas älter sein.
Das pimpe ich fix zu zimtigen French-Toast-Würfeln (Seite 56) – und mich damit von Meckermama zur besten Mama der Welt.

Ob ich ein schlechtes Gewissen habe, wenn es mal wieder Eier oder Pfannkuchen gibt? Nö. Weil ich eingesehen habe, dass es derzeit mittags bei uns ums Überleben geht. Und weil auf unserer Küheninsel jeden Werktag eine große Schale mit gestückeltem Gemüse und Obst steht, das ich gleich morgens einmal schnippele. Die Schale ist

mein gutes Gewissen. Die Kinder greifen reichlich zu. Und wenn es mittags süß gab, gibt's eben abends herzhaft.

Einmal platzte in unsere randvolle, brodelnd heiße Mittagssuppe übrigens eine kleine Maus. Ich hatte eine Deadline für einen Text – hatte ihn aber noch nicht fertig. Überall auf den Sofas lag zusammengelegte Wäsche, die der Kleinste wieder auseinandernahm. Der Große hatte viel auf – und gleich Tennistraining. Der Mittlere maulte. Als ich ihm die Wäsche wegnahm, maulte der Kleinste auch. Mitten drin sagte mein Großer plötzlich: „Übrigens, unter der Vitrine sitzt eine Maus." Ich kämpfte mit meinem kleinsten Sohn um eine frisch gewaschene Hose und verdrehte bloß die Augen: „Schatz, erzähl keinen Blödsinn. Wie soll die denn hier reingekommen sein?" André hetzte herein, über Kopfhörer im Gespräch mit einem Mandanten, winkte alle Mäusegeschichten genervt mit der Hand ab. Der Zweitgrößte schrie: „Oh Gott, eine Maus! Hilfe, eine Maus!" Ich stöhnte. Ich schaute unter die Vitrine. Ich sah keine Maus. „Komm Schatz, lass gut sein! Wir haben sowieso keine Zeit", sagte ich. Mein Großer zuckte mit den Schultern. „Mir ja egal, aber da sitzt eine Maus." André hatte inzwischen die Kopfhörer abgelegt, seine schlechte Laune nicht: „Tja, dann packt mal die ganze Vitrine leer, aber alles. Das macht aber ihr!" Ich schaute auf die Wäschehaufen. Hatte überhaupt keine Lust auf Geschirrhaufen.

Mein großer Sohn fing an, das Geschirr aus dem Schrank auf dem Tisch zu stapeln. Als alles draußen war, zog ich an der Vitrine herum. Ein Sohn brachte eine Taschenlampe. Ich leuchtete unter den Schrank: „Hier ist doch keine Maus, verdammt noch mal, so ein Mist, ich wusste es gleich, hier ist doch niemals...", schimpfte ich – und sah zwei blitzende Punkte. „Eine Maus", stellte Lasse nüchtern fest, der neben mir kniete.

Im Nachhinein bin ich der Maus dankbar. Die Maus sorgte dafür, dass aus der gehetzten Mittagsstunde eine gemütliche Stunde wurde. Sie zeigte uns, dass es ging. Weil ich bekannt gab, dass ich nirgendwohin gehen oder fahren würde, bis die Maus raus war. Weil ich kurzerhand meine Deadline verschob, die Hausaufgaben ausnahmsweise auf abends legte und eine befreundete Mama bat, den Großen mit zum Training zu nehmen. Zwei von vier Jungs und ich saßen auf dem Sofa und schauten Bücher an. Wir hatten es schon lange nicht mehr so entspannt gehabt. Die Maus ließ sich von André weder mit dem Mathematik-Übungsheft, noch mit einem Lineal und noch nicht mal mit einem Bambusstab aus dem Gemüsebeet herausschieben. Tjelle lockte sie schließlich heraus. Mit einem Stück Kohlrabi aus unserer Gutes-Gewissen-Gemüse-Schale, die jeden Tag auf der Küchentinsel steht. Seither heißt sie intern Mäuse-Schale. Aber psst. ////

RÜHREI MAL VIER

Meine Jungs lieben Rührei. Und ich liebe, dass die beiden Großen es sich inzwischen ganz allein zubereiten können. Es ist einfach das schnellste Mittagessen der Welt. Und man kann wunderbar ein bisschen Gemüse reinschummeln. Drei unserer Rührei-Rezepte haben sich meine Jungs mehr oder weniger selbst ausgedacht. Das Sommersprossen-Rührei haben wir mal in einem schwedischen Café zum Lunch gegessen. Zum Rührei gibt es immer für jeden ein Butterbrot.

KÄSE-MAIS-RÜHREI

FÜR 2 PERSONEN

- 100 Gramm Käse (wir mögen gern eine Mischung aus Emmentaler und Parmesan)
- 1 Schalotte • 140 Gramm Gemüsemais
- Butter zum Braten
- 6 Eier (Größe M) • 4 Esslöffel Milch

Käse grob raspeln. Schalotte schälen und fein würfeln. Den Mais in ein Sieb gießen und gut abtropfen lassen. Etwas Butter in einer Pfanne erhitzen und die Zwiebelwürfel darin circa 5 Minuten unter Wenden glasig andünsten. Eier, Milch und Käse, bis auf zwei Esslöffel zum Bestreuen, verquirlen.
Eiermischung mit in die Pfanne geben und unter langsamem Rühren zum Stocken bringen. Auf Brot anrichten und mit dem Rest Käse bestreuen.

PAPRIKA-RÜHREI-NINJA

FÜR 2 PERSONEN

- 1 Paprika • 2 Esslöffel Milch
- Öl zum Braten • 4 Eier • 1 Prise Salz
- einige Halme Schnittlauch

Eier mit Milch und Salz verquirlen. Paprika waschen und im Ganzen in Scheiben schneiden, sodass ein Ring dabei herauskommt. Kerne entfernen. Öl in eine Pfanne geben, drei bis vier Paprikaringe in die Pfanne geben, Ei-Mischung in die Paprikaringe gießen. Stocken lassen. Aus dem Paprikadeckel Augen schneiden und das fertige Paprikarührei damit und mit den Schnittlauchhalmen in Ninjas verwandeln.

PILZ-RÜHREI

FÜR 2 PERSONEN

- 1 Handvoll Champignons (oder selbstgesammelte Pilze) • einige Halme Schnittlauch
- 4 Eier • 2 Esslöffel Milch • Salz • Pfeffer
- Butter zum Braten • Öl zum Braten

Die Eier mit der Milch verquirlen. Mit Salz und Pfeffer würzen. Die Pilze putzen und in kleine Würfel schneiden. Pilze in der Butter anbraten. Pilze auf einen Teller geben, Öl in die Pfanne geben, die Eiermischung dazu gießen, mit einem Pfannenwender immer wieder wenden. Rührei auf zwei Tellern verteilen. Butterpilze darüber streuen. Mit dem geschnippeltem Schnittlauch bestreuen.

SCHWEDISCHES SOMMERSPROSSEN-RÜHREI

FÜR 2 PERSONEN

- 4 Eier • 3 Esslöffel Milch • 1 Prise Salz
- Öl zum Braten • 1 kleines Stück Porree
- 1 Scheibe gekochter Schinken
- 1 - 1½ Esslöffel Preiselbeeren

Eier, Milch und Salz verquirlen. Porree putzen und in feine Scheiben schneiden. Schinken ebenfalls fein würfeln. Öl in eine Pfanne geben, erhitzen und die Eiermischung hineingeben. Porree, Schinkenwürfe darüber streuen und mit einem Löffel kleine Preiselbeeren-Sommersprossen dazwischen klecksen.

KARTOFFEL-MÖHREN-SUPPE

Manchmal ist alles doof: das Wetter, die Hausaufgaben, die Brüder. Gegen Frust und Zoff und Nieselregen hilft ein Topf heiße, sämige Suppe. Dann sind zum Glück alle still. Bis sie anfangen, sich über die letzten Würstchenscheiben im Suppentopf zu streiten.

FÜR 4 PERSONEN
- **1 Kilo Kartoffeln**
- **3 Möhren**
- **½ Stange Porree**
- **1 Lorbeerblatt**
- **1½ Liter Gemüsebrühe**
- **Majoran, Salz**
- **200 Milliliter Milch**
- **1 Stängel Petersilie**
- **5 Wiener (wer mag vegetarische)**
- **eventuell frisch gemahlener Pfeffer**

Kartoffeln, Möhren und Porree in kleine Stücke schneiden und in der Brühe mit dem Lorbeerblatt etwa 25 Minuten weichkochen. Lorbeer entfernen. Mit einem Pürierstab zerkleinern, Milch dazugeben und die Suppe mit Salz und Majoran abschmecken. Würstchen kurz im Wasserbad erhitzen. Die Suppe mit zerschnippelter Petersilie bewerfen und mit klein geschnittenen Würstchen servieren. Ich gebe für mich noch frisch gemahlenen Pfeffer obendrauf.

P.S.: Diese Suppe gab es genau so schon früher in meinem Kindergarten. Ich koche sie auch manchmal nur für mich, wenn bei mir alles doof ist.

FRENCH TOAST WÜRFEL MIT APFELKOMPOTT

So, so lecker und eine super Möglichkeit, halbtrockenes Brot doch noch unter die Leute zu bringen. Hat meine Mitbewohnerin in meiner allerersten WG immer genauso gemacht. Psst, manchmal haben wir unser Brot extra nicht ganz so gut verpackt, um eine Ausrede für die Würfel zu haben...

FRENCH TOAST WÜRFEL

FÜR 1 BIS 2 PERSONEN

- 6 Scheiben Weiß- oder Toastbrot (darf schon ein paar Tage alt sein)
- 50 Milliliter Milch
- 60 Gramm Zucker
- 1 Ei (bei Mini-Eiern wie von unseren Hühnern zwei)
- 1 Teelöffel Zimt
- 1 Prise Salz
- 2 Esslöffel Butter

Die Rinde vom Weißbrot abschneiden und das Brot in kleine Würfel schneiden (Spielwürfelgröße). Milch mit Ei verquirlen und die Prise Salz dazugeben. Zucker und Zimt vermischen. Die Butter in einer heißen Pfanne zerlassen. Die Weißbrotwürfel in die Milch-Ei-Mischung tauchen und in der heißen Pfanne von allen Seiten goldbraun brutzeln. Darauf achten, dass sie nicht anbrennen. Noch heiß in die Zucker-Zimt-Mischung werfen und darin wälzen. Mit Apfelkompott servieren.

EASY PEASY APFELKOMPOTT

Genauso hat es meine Oma Wilma immer gemacht. Und Andrés Oma Margot auch. Und genau so mögen wir es alle am liebsten. Es ist jedes Jahr wieder ein Fest, wenn auf der Obstwiese hinten bei uns im Garten die Apfelsaison beginnt. Statt Gesellschaftsspiel wünschen sich die Jungs dann nach dem Abendessen oft, dass wir mit Opas endlos langem Apfelpflücker hinausgehen und gemeinsam ein paar Äpfel pflücken. Einer pflückt, einer klettert, einer flitzt und einer beißt jeden Apfel an. Ein großer Herbst-Spaß!

FÜR 2 PERSONEN

- 3 – 4 Äpfel
- 2 – 3 Esslöffel Apfelsaft
- 1 Prise Zimt

Drei bis vier Äpfel waschen, schälen und in kleine Würfel schneiden. Mit zwei bis drei Esslöffeln Apfelsaft etwa 20 Minuten köcheln lassen. Zwischendurch immer wieder umrühren, dabei mit dem Löffel gern ein wenig musen. Mit einer Prise Zimt würzen.

PS: Ich habe schon oft versucht, Apfelmus auf Vorrat einzukochen – ist trotz Wodka-Deckel-Bäder und Gläser-Abkocherei leider immer schlecht geworden. Daher schenke ich mir das und mache es jedes Mal frisch. Geht ja zum Glück superschnell.

OFENPFANNKUCHEN

Ein Traum: Glückliche, satte Kinder — und eine Mama, die am Schreibtisch Geschichten schreiben kann, bis die Ranzen in die Flurecken fliegen, statt stundenlang im Fettniesel am Herd zu stehen. Und die außerdem Zeit hat, Hausaufgaben zu kontrollieren, vorzulesen, zu stillen und natürlich liebevoll die Diskussionsrunde darüber zu begleiten, wer eigentlich gleich das größte Stück Pfannkuchen kriegt.

FÜR 2 PERSONEN

- 230 Milliliter Milch
- 3 Eier
- 150 Gramm Weizenmehl Typ 405
- ½ Teelöffel Backpulver
- 1 Päckchen Vanillezucker
- 1 Teelöffel Zimt
- 1 Prise Salz
- Öl für das Backblech
- eventuell Blaubeeren
- Zimtzucker

Den Backofen auf 200 Grad vorheizen. Milch, Eier, Mehl, Backpulver, Vanillezucker, Zimt und Salz miteinander verrühren. 10 Minuten stehen lassen. Ein Backblech mit Backpapier auslegen. Das Backpapier dünn mit dem Öl einstreichen. Den Teig auf das bepinselte Backpapier gießen. Für 10 Minuten im Backofen bei 200 Grad Ober- und Unterhitze backen. Mit Zimtzucker und vielleicht ein paar frischen Blaubeeren bestreuen und alles aufessen.

Alle meine vier Kinder lieben Blaubeeren. So sehr, dass ich mir immer ein kleines Schälchen voll ganz hinten im Kühlschrank verstecken muss, um überhaupt ein paar abzubekommen.

SPAGHETTI ERBSONARA

Ich weiß überhaupt nicht, warum Erbsen nicht so 'in' sind wie Spargel. Oder Auberginen. Oder Edamame, die alte Sojastreberin. Wir lieben Erbsen. Mein Mann behauptet sogar, ich hätte ein Erbsenproblem, weil ich immer schon einen neuen Beutel TK-Erbsen kaufe bevor der im Tiefkühlfach aufgebraucht ist. Er versteht einfach nicht, dass es beinah Meditation für mich ist, wenn ich weiß, dass genug Erbsen für Blitzrezepte wie diese da sind und ich zur Not immer eine Gemüseration für die Kinder parat habe, bei der sie nicht motzen. Das ist echt Erbsenyoga, mein Schatz.

FÜR 2 PERSONEN

- 200 Gramm Erbsen (frisch oder tiefgekühlt)
- 200 Gramm Spaghetti
- 2 Eier
- ½ Glas Milch
- Butter zum Braten
- ½ Becher Sahne
- 1 kleine Schalotte
- Salz
- Muskat
- 2 Esslöffel geriebener Parmesan
- plus Parmesan zum Drüberreiben
- eventuell frische Kräuter und frisch gemahlener Pfeffer

In einem großen Topf reichlich Wasser für die Spaghetti aufsetzen. Spaghetti ins kochende Wasser geben. Fünf Minuten vor dem Ende der Garzeit die Erbsen dazuwerfen und kochen. Eier mit Milch, Sahne, Salz, Muskat und einem Esslöffel fein geriebenem Parmesan vermengen. Schalotte klein schneiden, in einer Pfanne in der Butter golden garen. Spaghetti und Erbsen abtropfen lassen und zur Schalotte in die Pfanne geben. Eier-Milch-Masse darüber gießen und kurz stocken lassen, dabei mit zwei Gabeln vorsichtig wenden. Mit frisch geriebenem Parmesan sofort servieren.

Wenn ich mitesse, streue ich eine Handvoll frische Kräuter, wie Basilikum, Minze, Petersilie und Salbei und frisch gemahlenen Pfeffer, darüber.

Spaghetti Erbsonara ist ein tolles Rezept, wenn spontan Freunde vorbei kommen. Oder auch wenn der Besuch lange im Kalender eingetragen ist – man aber mal keine Lust auf große Kocharien hat.

LUKS FISCHBURGER

Auf einem Presseevent in Berlin haben meine beiden Großen vor einer Weile mal selbst Fischstäbchen mit einem Sternekoch gemacht. Seither lächeln sie vor den Supermarkttiefkühlpanadentruhen bloß mitleidig. Und bei ihrer Kochfreude vergesse ich glatt meinen Frust, über die eier- und mehlverklebten Teller — und den panierbemehlten Dielenboden. Und lasse sie einfach machen.

FÜR 2 - 3 PERSONEN

- **700 Gramm Rotbarschfilet**
- **50 Gramm Cornflakes**
- **50 Gramm Semmelbrösel**
- **Salz**
- **Pfeffer**
- **1 Zitrone**
- **2 Eier**
- **4 Esslöffel Mehl**
- **Butter und Öl zum Braten**
- **4 Vollkorn Toasties**
- **Remoulade**
- **Ketchup**
- **4 Salatblätter**

Cornflakes in einen Gefrierbeutel geben und mit der Faust zerbröseln. Zitrone aufschneiden und den Fisch mit ein paar Tropfen aus einer Hälfte beträufeln. Fisch mit einem scharfen Messer in etwa zwei Zentimeter breite Streifen schneiden. Eier auf einem Teller aufschlagen, leicht verquirlen und mit Salz und Pfeffer würzen. Mehl auf einen Teller streuen. Cornflakesbrösel und Semmelbrösel mischen und ebenfalls auf einen Teller geben. Fisch erst in Mehl, dann in Ei und zum Schluss in den Bröseln wenden.
Butter und Öl in einer Pfanne erhitzen, Fischstäbchen darin 6 bis 8 Minuten braten. Auf Küchenkrepp abtropfen lassen.
Toasties im Backofen bei 100 Grad Ober- und Unterhitze kurz erwärmen. Die Unterseite der Toasties mit Ketchup bestreichen, jeweils ein Salatblatt und zwei Fischstäbchen darauf legen, Remoulade darauf geben und die Toastie-Oberseite darauflegen. Restliche Burger ebenso bauen. Aufessen.

Tipp: Klar schmecken die Fischstäbchen auch ohne Burger, am liebsten mit dem Kartoffelpüree von (Seite 150) und dem Gurkensalat (Seite 189).

DIY

- 1 Bogen Tonkarton • 1 große runde Schale als Schablone • Tonpapier in Gelb und Reste in Orange, Grau, Braun, Beige, Weiß • schwarzer Sti... • Schere • Kleber • Locher • Band

Mithilfe der Schale einen großen Kreis auf den grau... Tonkarton zeichnen und ausschneiden. Auf das ge... Tonpapier einen einfachen, großen Löwenkopf mit O... ren und einen Löwenkörper zeichnen und ausschneid... Die Tonpapierreste in Streifen schneiden. Löwenkopf u... -körper auf den Kartonkreis kleben. Die Tonpapierstrei... rundherum als Mähne unterschieben und mit festkleb... Augen, Schnauze und Schnurrhaare aufzeichnen od... aufkleben. Mit dem Locher oben ein Loch aussteck... und ein Band hindurchziehen.

SELBSTGEMACHTE BESCHÄFTIGUNGSBÜCHER

Wenn mein Großer Hausaufgaben macht wollen die anderen oft auch gerne etwas arbeiten. Weil ich die Vorschulhefte, die man in den Geschäften findet, oft nicht b... sonders kreativ finde, habe ich angefangen selbst welche zu basteln. Das geht fix, macht die Kinder stolz — und fördert ih... Feinmotorik und Fantasie.

- Blankohefte oder Bücher nach Geschmack
- Zeitungsausrisse • Stifte • Pinsel • Farben

Blankoheft nach Belieben und zeichnerischem Könn... gestalten. Beliebt bei meinen Kindern sind: Blumenst... le zum Fertigmalen oder Bäume, Segelboote zum Au... malen, eine Seite für Stempelkissen-Regentropfen od... Stempelkissen-Konfetti, eine Fleckensammel-Seite, T... ler um die Lieblingsgerichte darauf zu malen, lässige G... müseseiten, mit Aufgaben zum ersten Mengen erfass... Fortgeschrittene gestalten sogar kleine Worträtsel od... Finde-den-Fehler-Bilder. Und ganz schnell werden ... Großen Lust bekommen, eigene Bücher zu machen.

LEISE LÖWE

Mein großer Sohn macht eigentlich ganz gern Hausaufgaben — allerdings niemals in seinem Zimmer, sondern immer am großen Esstisch bei mir in der Küche. Das funktioniert nur, wenn die kleineren Geschwister Rücksicht nehmen. Bei uns gilt daher die Regel: Entweder dazusetzen und leise sein oder hoch- oder rausgehen. Als deutliches Zeichen für die Leisezeit haben wir gemeinsam einen Leiselöwen gebastelt. Der wird aufgehängt, sobald die erste Mappe herausgeholt wird, und erst wieder abgehängt, wenn der letzte Buntstift in der Federmappe verschwindet. Funktioniert super.

MEINE REZEPTE

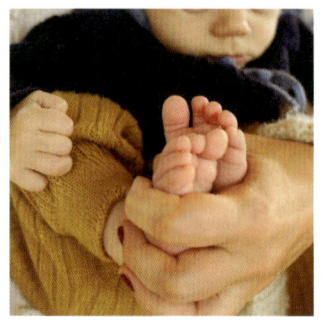

MAMAS LUNCHDATE

Auf dem Land entdeckte ich Öffnungszeiten,
leere Benzintanks, den Sinn
von großen Wochenendeinkäufen
– und Dates im Deli bei uns zuhause.

GANZ EINFACHE GARTEN-TIPPS:

- Kräuter sind ein super Start. Und Pflücksalat.
- Probiere im ersten Jahr einfach alles aus, worauf du Lust hast. Schau, was funktioniert. Pflanze im nächsten Jahr genau das.
- Nimm einen natürlichen Dünger (Hornspäne oder Brennesselsud), damit kann nichts schiefgehen.
- Kümmere dich am Besten schon vorher um jemanden der gießt, wenn du es nicht schaffst. Wasser ist das Wichtigste.

• Ärgere dich nicht über Giersch – mach lieber Pesto draus.

Landlust, Kochfrust und ein Restaurant bei uns in der Küche

Als ich ein Kind hatte und mitten in der Hamburger City wohnte, war ich beinahe immer unterwegs. Morgens besuchte ich Babykurse oder traf mich mit anderen Mamas zum Frühstücken. Mittags verabredete ich mich zum Lunch (manchmal blieben die Frühstücksfreundin und ich auch einfach sitzen und griffen bloß noch mal zur Speisekarte). Nachmittags traf ich mich mit anderen Müttern zum Schieben und noch später mit Kaffee auf dem Spielplatz. Abends besuchten André und ich oft noch Freunde - unser Baby war immer mit dabei. Es war eine herrlich entspannte Zeit. Besonders im Nachhinein.

Klar hatte ich damals manchmal ein schlechtes Gewissen, wenn ich mal wieder irgendwo las, dass Kinder feste Zeiten bräuchten. Später las ich einfach nicht mehr. Es fühlte sich für uns gut an, wie es war, mein Baby war (meistens) entspannt und ich auch. (Feste Zeiten hätten mich wahnsinnig gemacht). Mein Baby aß dort, wo wir gerade waren; es schlief und spielte dort. Diese ersten eineinhalb Jahre fühlten sich endlos an und wunderbar. Klar machte ich mir auch damals Sorgen (nächtliches Geschrei, Zähne, wunder Po), aber eigentlich war es doch eine bunte, fröhliche Dauer-Babyparty.

Mich ums Essen zu kümmern war damals babyleicht. Natürlich ganz besonders am Anfang, als nur André und ich da waren. Ich stillte voll, also war das Baby versorgt und für uns zwei besorgte ich auf meinen täglichen Stadtrunden etwas: Tomaten, Oliven und Feta vom griechischen Stand. Mal eben Nudeln und Pesto aus dem Discounter, an dem ich ohnehin täglich vorbei schob, oder einen Glasnudelsalat vom Thai (Seite 79). Einmal in der Woche holten wir uns was vom Griechen gegenüber. Unser Abendbrot war spontan, urban und multikulturell. Als mein Baby anfing zu essen, kochte und pürierte ich mit Leidenschaft Gemüse, Kartoffeln und Fleisch. Auch für unterwegs. Ab und zu bekam es auch mal ein gekauftes Gläschen. In Sachen Essen war alles easy.

All das änderte sich, als wir raus aufs Land zogen. Wir hatten ewig nach unserem Traumhaus gesucht, Plakate aufgehängt, Flyer in Briefkästen geworfen, reichlich übertuerte Bruchbuden besichtigt, ein Traumhaus im letzten Moment doch nicht bekommen, als wir keine Lust mehr hatten und plötzlich doch „Okay!" flüsterten, als meine Schwiegereltern mal wieder leise vorschlugen, wir könnten ja auch bei ihnen hinten auf der Wiese bauen. (Heute würde ich täglich

„Jaaaa!" brüllen, weil unsere Generationenkommune wirklich gut funktioniert). Meine Bedingung damals: Ich wollte das Landleben und das Tür an Tür mit Schwiegermama eine Weile ausprobieren, bevor es ernst wurde. Wir zogen also ziemlich überraschend sofort raus, ein halbes Jahr bevor der Bau losging. Mein Kleinkind entdeckte die Wiesen, die Erde, die Kühe und den Elbstrand. Ich entdeckte Öffnungszeiten, leere Benzintanks und den Sinn großer Wochenendeinkäufe.

Plötzlich war ich viel mehr zuhause, plötzlich war da ein Kleinkind, das mehr wollte als Brei (und bald noch ein zweites Baby, das nach dem Stillen am liebsten gar nichts essen wollte). Ich lief nicht mehr täglich spontan am Abendessen vorbei. Mir wurde klar, dass ich anfangen musste, unsere Mahlzeiten zu planen, sonst saß ich immerzu im Auto, weil etwas fehlte. Wir begannen bald unser Haus zu bauen und André baute nebenbei seine Kanzlei auf, ich kämpfte mich durch den Alltag mit zwei Kleinkindern, was für mich bis dahin (und vielleicht überhaupt) der anstrengendste Kampf meines Lebens war. Ich merkte, dass wir gut essen mussten, um all das auszuhalten. Ich spürte, dass eine gemeinsame Mahlzeit unsere Chance war, einmal am Tag zusammen zu kommen, uns auszutauschen, während sonst jeder in eine andere Richtung ausschwärmte. Ich wollte aus unserem Abendbrot ein Ritual machen - aber ich hatte keine Ahnung, wie ich das hinkriegen sollte.

Was so anstrengend daran war, nach einem Tag zuhause mit zwei Kindern eben mal fix ein Abendbrot zu machen? Das kann wohl nur jemand verstehen, der es mal versucht hat.

Oft legte ich hoffnungsvoll los, legte dem großen Kleinen ein paar Spielsachen hin, setzte den kleinen Kleinen in seinen Baby-Hochstuhlsitz, den wir extra angeschafft hatten, damit er immer dabei sein konnte. Minuten später interessierte sich der Große nicht mehr für das Spielzeug, packte stattdessen die Tupperdosen-Schublade aus. Ich begann die Tomaten aus dem Kühlschrank zu holen, wusch den Salat, holte ein Brett – da hatte der Kleine keine Lust mehr, in seinem Stuhl zu sitzen. Er brabbelte. Brüllte dann. Ich nahm ihn raus, versuchte, mit einer Hand zu schnippeln, was nicht ging. Der Kleine wollte an die Brust, womit das Schneiden erst recht nicht mehr ging. Als der Große sah, dass der Kleine auf dem Arm war, wollte er auch auf den Arm. Er brüllte, ich tröstete. Der Kleine brüllte, ich stillte. Ich wedelte mit Spielzeug. Ich sang. Ich hatte Schweißperlen auf der Stirn. Ich sah auf die Uhr. Ich sah das ungeschnittene Gemüse. Ich legte das Baby ab, das lauter brüllte als zuvor. Der Größere trat gegen die Tupperschalen. Ich trat aus Versehen auf ein Holztier, das zerbrach. Der Große brüllte. Der Kleine brüllte. Sein winziges Gesicht war knallrot wie die ungeschnittenen Tomaten neben der Spüle. Ich hatte Tränen in den Augen.

Wann es besser wurde? Lange Zeit nicht. Es war ein Prozess. Irgendwann fing ich an einen Mahlzeiten-Plan zu schreiben, mich besser zu organisieren. Zum Beispiel, gar nicht erst zu versuchen, größere Gerichte kochen zu wollen, wenn ich nachmittags verabredet war (dann gab es Brot). Banale Dinge, wie Kartoffeln, morgens schon zu schälen. Tagsüber darauf zu achten, dass die Geschirrspülmaschine für abends leer war. Mit der

Zeit begann mir Kochen wieder Spaß zu machen, es wurde sogar ein Hobby. Es gab Zeiten, da ließ ich die Kinder kurz ihre Lieblingsserie gucken, während ich kochte. Später reichte ein Hörspiel, das oft nicht bloß die Großen beschäftigte, sondern so viel Ruhe brachte, dass der Kleinste ebenfalls ruhig mit ein paar Bauklötzen spielte.

Ich lernte, ein gewisses Maß an Streit und Gebrüll auszuhalten, beim Rühren zu trösten oder setzte ein trauriges Kind einfach neben das Brett, auf dem ich gerade schnippelte und ließ es probieren. Ich kochte aufwendigere Lieblingsrezepte wie Laaser Suppe (Seite 136), das Babyparty-Curry (Seite 76) oder die Back-Beete-Bolo (Seite 190) teilweise vor und wir aßen zwei oder dreimal davon. Ich erinnerte mich an all die Gerichte, die ich als Kind geliebt hatte, kaufte ein paar Kochbücher, stöberte im Internet, fragte Freunde und fing an unser Abendbrot als festes Ritual zu etablieren. Auf Andrés tägliche Frage: „Kochst du heute was?", antwortete ich irgendwann: „Klar. Ich sag dir Bescheid, falls ich mal nichts koche."

Natürlich verlief unsere Abendbroterfolgskurve nicht steil nach oben. Natürlich gab und gibt es immer wieder Höhen und Tiefen. Mal ist es sehr stressig, mal weniger stressig. Mal gibt es viel Streit, mal weniger. Aber was auch immer ist: Wir essen abends zusammen. Ich mag dieses Versprechen an uns selbst sehr.

Eine Sache aus der Stadt vermisste ich weiterhin sehnsüchtig: meine regelmäßigen Mädelstreffen (Nachmittagsdates mit Kindern zählen hier nicht). Mit jedem Kind wurden die Frühstücksdates weniger. Die meisten Mamas arbeiteten wieder, andere hatten noch ein Kleinkind zuhause. Abends bekamen wir Mädelstreffen viel zu selten hin. Irgendwann hatte ich die Idee für ein Mädels-Lunch-Date einmal im Monat.

Das geht so: Wir treffen uns gegen zehn bei einer von uns. Um diese Zeit haben viele schon etwas gearbeitet, einen Babykurs hinter sich, andere waren beim Friseur oder Einkaufen. Als Erstes füttern wir die anwesenden Kinder (die wenigen, die um diese Zeit noch nicht in der Schule, Kita oder einer Spielgruppe sind). Wenn es richtig gut läuft, schlafen die Kinder nach ihrem Essen ein. Dann (oder währenddessen) beginnen wir zu schnippeln und dabei zu reden. Über all die kleinen erlebten Dramen und Marmeladenglasmomente. Manchmal kocht eine von uns vor, dann essen wir bloß ganz in Ruhe zusammen.

Gegen zwei Uhr trennen sich unsere Mamawege wieder. Einige holen ihre Kinder aus der Kita, andere setzen sich für den Rest des Nachmittages in ihr Mama-Taxi, ganz manchmal bleibt einfach eine da und das Mama-Date geht langsam über in ein lautes Kinderdate.

Ich liebe diese Lunch-Dates. Weil meine Bluse fleckenfrei bleibt (es sei denn ich kleckere selbst Curry drauf). Weil unsere Treffen nicht so teuer sind wie damals im Deli. Weil ich all die Rezepte ausprobieren kann, die meine Männer nicht mögen. Weil ich dort Sätze zu Ende sprechen und Gedanken zu Ende denken kann. Weil wir gemeinsam das Dorf sind, das es braucht, um Kinder groß zu bekommen. Manchmal schimpfen wir alle, manchmal weint eine von uns, jedes Mal wird mindestens einmal laut gelacht (manchmal mit Tränen). Unsere Treffen sind wie meine Fruchtschnitte (Seite 27). Noch Tage später habe ich Energie davon. ////

BABYPARTY-CURRY

Ein ähnliches, aber viel aufwendigeres Rezept aus einem meiner Lieblingskochbücher „Das Mama-Kochbuch" von Hanna Schmitz gab es auf meiner letzten (und übrigens einziger Babyparty.) Ich werde den Geschmack für den Rest meines Lebens mit Bauchboxen, geschwollenen Füßen und dem lauten Lachen meiner Freundinnen verbinden. Vielleicht schmeckt es mir deshalb so wahnsinnig gut. (Zwei von vier Söhnen übrigens auch — unter anderem dem Bauchboxer). Hier meine sehr viel einfachere Version dieses duftenden Gerichtes...

FÜR 4 PERSONEN

- 800 Gramm Hähnchenbrustfilet
- 2 Esslöffel Öl
- 2 Knoblauchzehen
- 1 Zwiebel
- 1 Teelöffel Kardamom
- 2 Teelöffel Currypulver
- 1 Teelöffel Kreuzkümmel
- 1 Teelöffel Kurkuma
- 1 Teelöffel Zimt
- 1 Lorbeerblatt
- ½ Teelöffel Chilipulver
- Salz, Pfeffer
- 3 Esslöffel Mandelmus
- 250 Milliliter Gemüsebrühe
- 2 Stängel Koriander
- 2 Esslöffel Mandelblättchen
- Reis oder Fladenbrot (Seite 82) als Beilage

Fleisch in kleine Stücke schneiden. Zwiebel schälen und in kleine Würfel schneiden. Kardamom, Curry, Kurkuma, Zimt und Kreuzkümmel in einer Pfanne ohne Fett kurz anrösten bis es duftet. Zwei Esslöffel Öl, das Hühnchenfleisch und die Zwiebelwürfel dazugeben und kurz anrösten. Knoblauch dazu pressen, mit Brühe ablöschen. Lorbeerblatt, Chili, Salz und Pfeffer dazugeben und etwa zwanzig Minuten köcheln lassen. Mandelmus dazugeben und das Curry mit Koriandergrün und Mandelblättchen bestreut servieren. Dazu schmeckt Reis oder Fladenbrot.

Angeblich sollen Currys ja wehenfördernd sein, die Schärfe soll den Magen stimulieren und dadurch Kontraktionen auslösen. Habe ich bei zwei Kindern ausprobiert, hat nicht geklappt. Daher habe ich mich bei Kind vier absolut getraut, ein Curry auf meiner Babyparty zu servieren.

Bei diesem Salat hab ich meine ehemalige Chefin Betti überzeugt, dass ich, die Ex-Grundschullehrerin, genau die richtige für ihre freie Stelle als Redakteurin bin. Bei diesem Salat habe ich meinen ersten Platz beim Reportagepreis der Hamburger Akademie für Publizistik gefeiert. Und bei diesem Salat habe ich meiner Chefin drei Jahre später gesagt, dass ich doch wieder zurück möchte in den Schuldienst (weil ich mir dringend ein Baby wünschte und dafür in meinem Magazinjob mit all seinen aufregenden Reisen kein Platz war).

WAHNSINNIG-GUTER-ASIA-SALAT

Diesen Salat habe ich mir während meiner Zeit als Redakteurin bei einem großen Frauenmagazin beinahe täglich vom besten Vietnamesen der Stadt geholt (wie mindestens die Hälfte meiner Magazin-Kolleginnen übrigens auch.) Manchmal hab ich mich sogar eine Stunde von meinem Schreibtisch weggetraut, um den Salat mit einer Kollegin gleich vor Ort an einem der langen Holztische zu essen.

FÜR 2 PERSONEN

- 100 Gramm Glasnudeln
- 1 Möhre
- 1 rote Paprika
- 1 Handvoll Zuckerschoten
- 1 Handvoll Sojasprossen
- 2 Lauchzwiebeln
- 2 Hähnchenbrustfilets (zusammen etwa 300 Gramm)
- Öl zum Braten
- Saft von 2 Limetten
- 3 Esslöffel Fischsoße
- 4 Esslöffel Öl (ich nehme hier gern Sesamöl)
- 1 - 2 Esslöffel brauner Zucker
- 1 Knoblauchzehe
- 2 frische, kleine rote Chilischoten
- 1 Stück Ingwer (etwa 3 Zentimeter)
- ½ halbes Bund Koriander
- Salz, Pfeffer
- 1 Teelöffel Fünf-Gewürze-Pulver
- 2 Handvoll geröstete und gesalzene Erdnüsse
- 2 Esslöffel Röstzwiebeln

Tipp: Falls ihr mal in Hamburg seid und das Original probieren wollt: O-ren Ishii, Kleine Reichenstr. 18, 20457 Hamburg. Aber Achtung, sie haben bloß mittags geöffnet. Grüßt lieb von mir.

Die Glasnudeln mit kochendem Wasser übergießen und ein paar Minuten stehen lassen. Abgießen und die Nudeln mit einer Schere klein schneiden. Möhre und Paprika schälen und in kurze, feine Streifen schneiden. Zuckerschoten ebenfalls klein schnippeln. Lauchzwiebeln in feine Ringe schneiden. Gemüse mit den Nudeln mischen. Die Hähnchenbrustfilets mit Fünf-Gewürze-Pulver einreiben. In einer Pfanne mit einem Esslöffel Öl goldbraun braten. Etwas abkühlen lassen und in Scheiben schneiden.
Erdnüsse grob hacken.
Für das Dressing: Limettensaft, Fischsauce, Sesamöl, Salz, Pfeffer und Zucker vermischen, Knoblauch dazu pressen, Ingwer, Koriander und Chilischote fein hacken, zum Dressing geben. Dressing über die Nudel-Gemüse-mischung gießen, die Hälfte der Nüsse dazu geben und alles gut vermischen. In zwei Schalen füllen. Koriander hacken. Den Salat jeweils mit der Hälfte der Hähnchenbruststreifen belegen und mit Röstzwiebeln, frischem Koriander und den restlichen Nüssen bestreuen.

SYRISCHE SACHEN

Meine Freundin Katia war es, die uns das erste Mal zu einem selbst gemachten syrischen Essen einlud. Vorher waren wir ein paar Mal im Nachbardorf syrisch essen gewesen, hatten uns begeistert gemeinsam durch all die kleinen Köstlichkeiten gefuttert. Als dann auch noch eine syrische Familie ins Dorf zog und regelmäßig landestypische Köstlichkeiten mit zu den Kindergarten- und Schulbuffets brachte, war ich endgültig verknallt. Seither sind ein oder zwei der folgenden Rezepte Pflicht bei unseren Mädelsrunden, egal ob mittags oder abends.

DATTEL-GURKEN-MINZE-SALAT

Katia macht diesen Salat mit Rosinen statt Datteln. Ich mag ihn so aber noch viel lieber. Gefunden hat Katia das Rezept in einem knallbunten Kochbuch aus den 80er Jahren, ein Flohmarktfund. Unsere syrischen Nachbarn nehmen für einen ähnlichen Salat fetten Schafsmilchjoghurt. Ich mag ihn mit Vollmilchjoghurt am liebsten.

FÜR 4 PERSONEN ALS BEILAGE
- 1 Salatgurke • 400 Gramm Joghurt
- 50 Gramm Walnusskerne • 5 große frische Datteln • ½ Bund Minze • Salz • Pfeffer

Datteln entkernen und in sehr kleine Stücke schneiden. Walnüsse klein hacken. Die Gurke schälen, halbieren und die Kerne mit einem Löffel entfernen. Die Gurke in kleine Würfel schneiden. Minze klein hacken. Den Joghurt im Mulltuch ausdrücken, in eine Schüssel füllen, mit Salz und Pfeffer würzen und Gurken, Datteln und Minze unterrühren. Eine Stunde im Kühlschrank durchziehen lassen. Dann eventuell noch mal nachwürzen.

PAPRIKA-WALNUSS-DIP

Noch ein Rezept von Katia. Ich erinnere mich, dass ich beim ersten Mal nicht genug davon bekommen konnte, als ich vor drei Jahren bei Katias Mädels-Geburtstagsfeier saß und gerade von meiner vierten Schwangerschaft erfahren hatte. Ich stillte meine wilden Paprika-Nuss-Gelüste, schwankte zwischen Freude und Angst und überlegte nebenbei schwitzend, wie ich möglichst unauffällig den Sekt aus meinem Glas schummeln sollte, den meine nichts ahnenden Freundinnen mir immer wieder nachfüllten, wenn ich gerade heimlich einen Teil davon in Katias Kaktus-Topf entsorgt hatte. Wirklich ein sehr, sehr leckerer Dip!

FÜR 4 PERSONEN

- 3 Paprikaschoten • 150 Gramm Vollmilchjoghurt • 100 Gramm Walnüsse
- 1 Knoblauchzehe • 1 Esslöffel Paniermehl
- 1 Teelöffel Harissa • 1 Stängel Petersilie
- Salz • Öl zum Braten

Backofen auf 250 Grad Ober- und Unterhitze vorheizen. Paprika waschen, halbieren, Stiele und Kerne entfernen und auf ein mit Backpapier ausgelegtes Backblech legen. Etwa 30 Minuten backen, bis die Haut Blasen bekommt und auch ruhig ein bisschen schwarz werden darf. Joghurt in einem Geschirrhandtuch oder einem Mulltuch ausdrücken. Walnüsse mit einem großen Messer auf einem Brett fein hacken. Öl in eine Pfanne geben und die Walnüsse und das Paniermehl darin ein paar Minuten rösten, dabei immer umrühren. Knoblauch mit Salz mit einer Gabel zerdrücken. Heiße Paprika etwas abkühlen lassen und die Schale vorsichtig abziehen. Paprika mit Knoblauch pürieren. Paprikapaste mit dem Joghurt vermischen, mit Harissa und geschnippelter Petersilie verrühren.

Dazu: Fladenbrot. Gekauft oder noch besser das von Seite 82.

FLADENBROT

Das Original-Rezept von unserem Lieblings-Syrer. Überraschend einfach, überraschend lecker und auf jeder Party ein Mitbringsel, das Wows produziert…

FÜR 8 BIS 10 STÜCK

- 300 Gramm Weizenmehl Typ 405
- 200 Milliliter lauwarmes Wasser
- ½ Würfel frische Hefe
- 1 Teelöffel Kreuzkümmel
- 1 Teelöffel Salz
- 1 Esslöffel Olivenöl
- Olivenöl zum Backen

Die Hefe ins lauwarme Wasser bröckeln. Mehl in eine Schüssel geben, Kreuzkümmel und Salz dazugeben, Wasser-Mehl-Mischung und das Olivenöl dazugeben. Mit den Knethaken des Handrührgeräts zu einem geschmeidigen Teig verkneten. 30 Minuten gehen lassen. Olivenöl in einer Pfanne erhitzen, ein mandarinengroßes Stück Teig nehmen, kurz durchkneten, zwischen den Händen kullern und platt drücken (oder auf einem Brett circa fingerdick ausrollen). Den Teigfladen ins heiße Olivenöl legen, Hitze reduzieren und kurz backen lassen, bis die Unterseite kleine braune Flecken bekommt. Unbedingt dabei bleiben, das geht sehr schnell. Dann umdrehen und kurz auf der anderen Seite backen. Warm stellen und in der Zwischenzeit die restlichen Fladenbrote backen.

Tipp: Reste lassen sich gut im Kühlschrank aufbewahren und am nächsten Tag im Backofen bei kleiner Temperatur noch mal warm machen.

WELTBESTER HUMMUS

Das Original-Rezept von der Mama der syrischen Schulfreundin meines Sohnes. Von ihr habe ich auch gelernt, dass in Hummus unbedingt Petersilie, aber auf keinen Fall Olivenöl gehört (bloß obendrauf) und dass er niemals in den Kühlschrank sollte – das mag er nämlich nicht.

FÜR EINE KLEINE SCHALE VOLL

- 1 kleine Dose Kichererbsen (250 Gramm)
- 2 Stängel Petersilie
- 1 Knoblauchzehe
- Saft von einer Zitrone
- 100 Gramm Tahini
- Salz
- 1 Teelöffel Kreuzkümmel (oder mehr)
- Olivenöl

Knoblauchzehe und Salz mit einer Gabel zerdrücken. Kichererbsen abgießen (Wasser aufbewahren). Ein paar Kichererbsen mit etwas Kichererbsen-Wasser in eine Schale geben und nach und nach zerstoßen (ich mache das immer mit einem Caipi-Stößel). Im Notfall und für große Gruppen geht das Zermatschen natürlich auch in der Küchenmaschine. Aber es schmeckt viel besser, wenn man es mit der Hand matscht). Nach und nach weitere Kichererbsen, Zitronensaft, Kreuzkümmel und Tahinipaste dazugeben. Falls das Ganze viel zu fest ist, mit einem oder zwei Esslöffeln Kichererbsen-Wasser sämiger machen. Petersilie fein hacken und dazu matschen. Hummus in einer kleinen Schale servieren, mit ein wenig Olivenöl beträufeln.

Tipp: Ich matsche von Hand, wenn ich bloß eine kleine Menge mache. Für Partys nehme ich dann aber doch lieber den Stab.

SARAHS FRANKFURTER GRÜNE SOßE MIT PELLKARTOFFELN

Meine Freundin Sarah kocht nicht besonders gern, bringt bei Schulbuffets am liebsten Baguette mit und bekommt Schnappatmung, wenn wir Mädels uns treffen und jeder mal eben schnell etwas Leckeres mitbringen soll. Bis ihr das Lieblingsessen ihrer Kindheit einfällt. Das ist fix gemacht und sorgt zumindest bei allen Mädels für andächtiges „Mmmmhh..."

FÜR 4 PERSONEN

- etwa 24 kleine Kartoffeln
- 8 Eier
- 3 Becher Saure Sahne
- 8 saure Gurken
- je ein 1 Bund Schnittlauch, Dill, Petersilie, Zitronenmelisse
- Salz, Pfeffer, Zucker
- 1 Esslöffel Essig
- Etwa 2 - 3 Esslöffel Gurkenwasser

Die Kartoffeln mit Schale gründlich waschen und etwa 20 Minuten weich kochen. Die Eier hart kochen, abschrecken und klein schneiden. Die sauren Gurken klein schneiden, die Kräuter hacken. Die Saure Sahne mit etwas Gurkenwasser geschmeidig rühren und Salz, Pfeffer, Zucker, einen Esslöffel Essig und Kräuter dazu geben. Zum Schluss die Eier vorsichtig unterheben. Die grüne Soße mit den Kartoffeln servieren.

Wenn ich manchmal auf dem Markt stehe und vor lauter Obst und Gemüse gar nicht mehr weiß, was ich kaufen und kochen soll, dann fällt mir zum Glück oft dieses Gericht ein. Ich muss dafür bloß ein paar Kartoffeln und saure Gurken aus dem Fass besorgen, drei Becher Saure Sahne gibt's zur Not im Tante Emma Laden, Eier finde ich im Hühnerstall und Kräuter habe ich im Garten. Für die Jungs puzzle ich es auseinander: Pellkartoffeln mit Eihälften und ein Klecks Soße ohne Ei.

AUBERGINEN-POMMES

Pommes aus Gemüse jeglicher Art sind eines von Andrés und meinen typischen Urlaubsrezepten. Weil es so schnell geht und weil ich es liebe, im Urlaub über Märkte zu schlendern und frisches Gemüse in meinen Korb zu stapeln. Das Beste daran: Wenn wir unsere Urlaubsrezepte später zuhause kochen, fühlt sich auch ein banaler Donnerstagabend Ende September nach Urlaub an.

FÜR 2 PERSONEN

- **2 kleine Auberginen**
- **2 Eier**
- **Salz, Pfeffer**
- **500 Milliliter Milch**
- **150 Gramm Paniermehl**
- **Olivenöl**
- **1 Limette**
- **Ahornsirup**
- **2 Teelöffel grobes Meersalz**

Die Auberginen in fingerbreite Stücke schneiden, in eine große Schüssel geben und mit der Milch übergießen. Mindestens eine halbe Stunde ziehen lassen, damit die Bitterstoffe verschwinden. Backofen auf 180 Grad Ober- und Unterhitze vorheizen. Auberginenstücke aus der Milch nehmen, Eier in einer Schüssel aufschlagen, salzen und pfeffern und die Auberginenstücke erst darin und dann in Paniermehl wenden und auf ein Backblech mit Backpapier legen. Mit Olivenöl beträufeln und etwa fünfzehn Minuten im Ofen backen, bis die Auberginen-Pommes außen knusprig sind, zwischendurch einmal wenden. (Eventuell zum Ende hin ein paar Minuten die Grillfunktion anstellen, die Pommes dabei aber nicht aus den Augen lassen). Mit Limettensaft und Ahornsirup besprenkeln und mit grobem Meersalz bestreuen.

ZUCCHINI-BULETTEN MIT KRÄUTERQUARK

Ein herrlich schnelles Sommergericht, um es mit Freundinnen auf der Terrasse zu essen, sich vorher zu schwören, mal ausnahmsweise nicht bloß über die Kinder zu reden. Und es dann doch zu tun. Die Reste mögen meine Kinder sehr gern (wenn bloß das Wort Zucchini nicht fällt). Woher es stammt? Ich glaube, es ist ein Mix aus einigen Antworten auf meinen „Hilfe, meine Zucchinipflanze hat Sechslinge, was mache ich bloß mit ihnen?"-Aufruf in unserer Dorf-Mädels-Whats-App-Gruppe.

FÜR 2 PERSONEN

Zuchini-Buletten:

1 große Zucchini (oder zwei kleine)
Salz
1 Esslöffel Mehl
1 Ei
3 Esslöffel Milch
Öl

Für den Kräuterquark:

200 Gramm Quark
½ Becher Crème fraîche
2 Esslöffel Milch
1 Esslöffel Olivenöl
je 1 Stängel Dill, Minze und Petersilie, sowie Schnittlauch
1 Esslöffel Zitronensaft
Salz
1 Knoblauchzehe

Für den Quark: Kräuter fein hacken, Knoblauchzehe mit Salz zerdrücken. Quark und Crème fraîche mit Milch, Zitronensaft und Öl verrühren. Knoblauch mit Salz und die Kräuter dazugeben und gut verrühren.

Für die Buletten: Zucchini in sehr kleine Stücke schneiden, in ein Mulltuch geben und gut ausdrücken. Zucchini mit Mehl, Ei, Salz und Milch vermengen. Mit den Händen kleine Buletten formen. Öl in einer Pfanne erhitzen, Hitze reduzieren und die Buletten goldbraun braten. Den Quark zu den frisch gebratenen Buletten verspeisen.

FIXE BOWL

Diese Bowl ist mein absolutes Lieblingsmittagessen, weil sie so lecker und gesund ist und ich immer irgendetwas dafür zuhause habe. Das erste Mal habe ich sie bei meiner Freundin Johanna auf der Babyparty gegessen. Unsere gemeinsame Freundin Lisa hatte uns auf die Idee gebracht. Alle Mädels haben einfach ein oder zwei simple Sachen beigesteuert: eine Sorte geschnippeltes Gemüse, teilweise angebraten, Feta, Kerne, Nüsse oder ein Dressing. Seither habe ich die fixe Bowl schon hundertfach nachgemacht. Es gibt 1001 Varianten — und jede einzelne schmeckt himmlisch.

FÜR 1 PERSON

- 1 große Möhre
- Ras al Hanout
- 1 kleine Zucchini
- Thymian
- Olivenöl zum Braten
- 140 Gramm Kichererbsen
- 1 kleiner Hokkaido Kürbis
- 3 Radieschen
- 4 Kirschtomaten
- 1 kleine Paprika
- 1 Schalotte
- 120 Gramm Linsen
- ein wenig gekochter Brokkoli (zum Beispiel vom Vortag)
- Hummus (am liebsten selbst gemacht nach dem Rezept auf Seite 83 oder fertig gekauft)
- Feta
- gemischte Nüsse und Kerne nach Belieben
- frische gehackte Kräuter wie Schnittlauch, Petersilie, Minze oder Koriander

Alle Zutaten sind nur Vorschläge. Ich mische meine Bowl jedes mal anders, je nachdem worauf ich Hunger — und was ich so im Kühlschrank habe. Manchmal mische ich bloß drei der hier vorgeschlagenen Zutaten, manchmal alle. Die Bowl ist auch super, um Gemüse-Reste zu verwerten.

Möhre putzen und in Scheiben schneiden, eventuell mit ein wenig Ras al Hanout in einem Löffel Öl anbraten. Zucchini waschen, in Scheiben schneiden und nach Belieben in einem Esslöffel Öl mit ein wenig Thymian kurz anbraten. Kichererbsen abgießen, Kürbis halbieren und eine Hälfte in Streifen schneiden (restlichen Kürbis anderweitig verwenden). Kichererbsen und Kürbisspalten mit ein paar Spritzern Olivenöl und einem Teelöffel Ras al Hanout im heißen Backofen bei 200 Grad Ober- und Unterhitze etwa zehn Minuten backen. Abgetropfte Linsen mit ein paar Spritzern Olivenöl und der gewürfelten Schalotte anmachen. Paprika entkernen und würfeln, Kirschtomaten und Radieschen klein schneiden. Feta ebenfalls würfeln. Zum Anrichten alles in eine Schale geben, einen gehäuften Esslöffel Hummus in die Mitte klecksen, Fetawürfel darüber werfen und mit Kernen und Kräutern bestreuen.

Tipp: Wer in Hamburg-City wohnt oder dort zu Besuch ist: die leckersten Bowls (auch zum Mitnehmen) gibt's bei „Was wir wirklich lieben". Hegestraße 28, 20251 Hamburg, Tel.: 040 48092777

DIY

JAHRESZEITEN-TISCHDEKO

Es macht mir viel Spaß unseren Tisch für Freunde am Wochenende richtig schön und immer wieder anders zu dekorieren. Da ich nicht ständig neue Deko kaufen möchte, gucke ich mich gern in meinem Bastelzimmer um. Oder in der Natur. Da bekommt man immer Inspiration für eine schöne, ungewöhnliche Deko. Hier je eine fixe Idee für jede Jahreszeit (mehr Tischdeko-Ideen gibt's auf den Seiten 200 und 244).

FRÜHLING: PUSTEBLUMEN

gelbe Filzkugeln, Stecknadeln mit weißen oder silbernen Köpfen, Schaschlikspieße aus Holz

Jeweils einen Schaschlikspieß in eine Filzkugel bohren. Rundherum die Stecknadeln stecken. In kleinen Vasen auf dem Tisch verteilen.

SOMMER: REGENBOGENSTEINE

Steine in verschiedenen Größen und Formen, Pinsel, Acrylfarben in den Farben des Regenbogens

Steine am besten einmal zur Probe als Girlande in die Mitte des Tisches legen. Die einzelnen Steine dann in bunten Regenbogenfarben anmalen, dabei die einzelnen Farben gern mit ein wenig Weiß oder einem Klecks einer anderen Farbe abtönen.

HERBST: WOLL-ÄSTE

Äste mit einer Astgabel, bunte Wolle

Am schmalsten Stück der Astgabel beginnen und einen Wollfaden festbinden, dann mit der Wolle umwickeln. Zum Farbenwechseln abschneiden, verknoten und mit der neuen Farbe weiterwickeln. Mehrere umwickelte Äste statt Blumen in Vasen auf den Tisch stellen.

WINTER: BUCHSBAUM-TO-GO

Kleine Äste vom Buchsbaum, hübsche Anzucht-Töpfe aus dem Baumarkt, Blumenerde, weißes Papier, schwarzer Stift, Kleber, Schere

Bevor ich auf dem Land wohnte, hatte ich keine Ahnung, wie leicht es ist, Buchsbaumnachwuchs selbst zu ziehen. Ich schneide einfach kleine Äste ab und stecke sie in die Erde. Schon bald entwickeln sie Wurzeln und wachsen heran. (Und ich komme meinem Traum von jeder Menge Buchsbaumhecken rund um meine Beete doch noch näher). Weil viele Leute Buchsbaum mögen und gern welchen in ihrem Garten hätten, habe ich mir für eine gemütliche Wintertisch- oder Weihnachtsdeko Buchsbäume in kleinen Töpfen ausgedacht. Dafür einfach ein wenig Erde in die Anzucht-Töpfe füllen und je einen Buchsbaumzweig hineinstecken. Ein wenig gießen, fertig. Viele kleine Töpfe in die Mitte der Tafel stellen – und/oder je einer als Platzkarte, dann aus Papier ein hübsches kleines Namensschild basteln und dranhängen. Hinterher darf jeder Gast einen Buchsbaum mitnehmen. Buchsbaum für alle – eine schöne Idee, oder?

MEINE REZEPTE

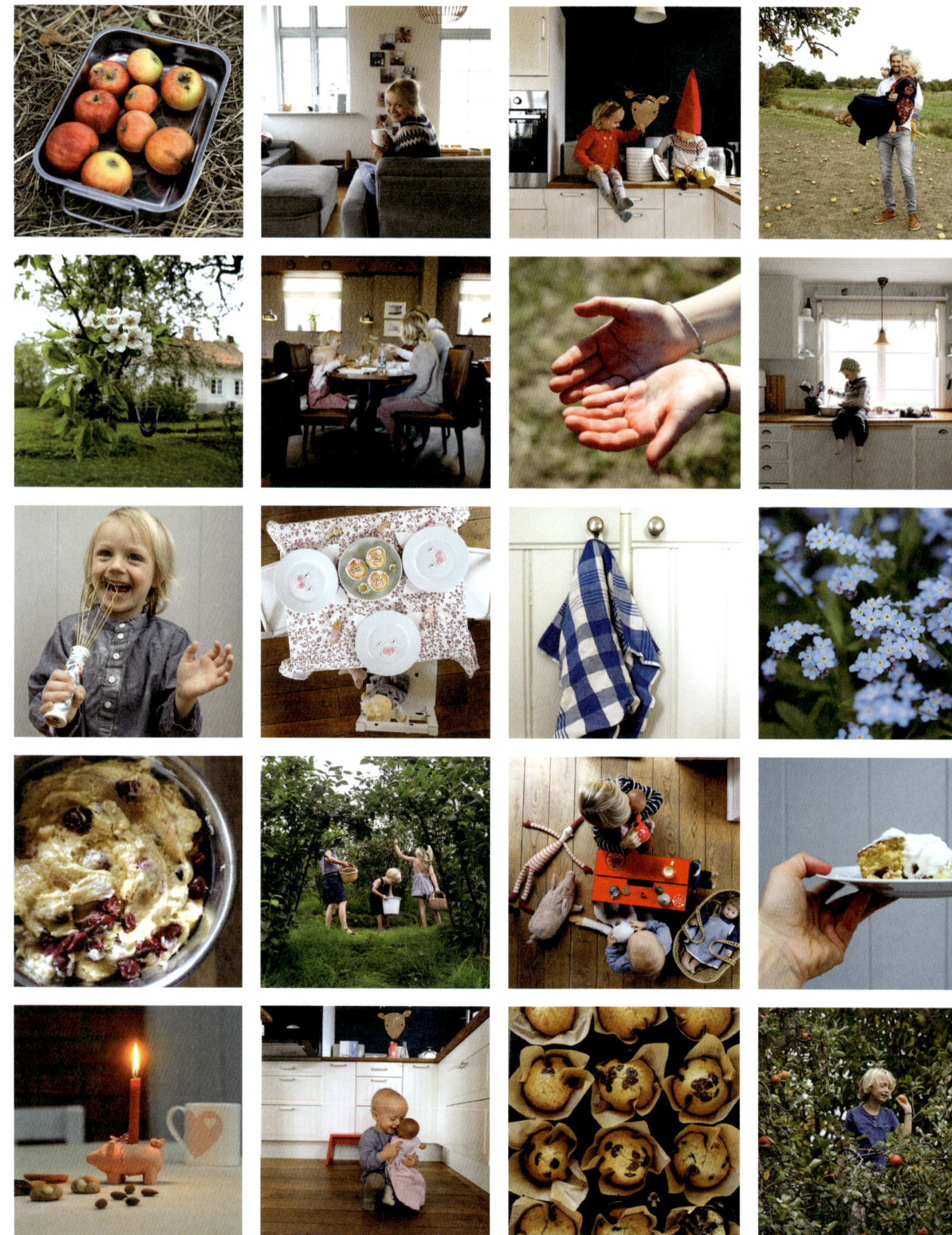

BACKLIEBE

Ich liebe es, wenn man zur Tür hereinkommt
und die Jahreszeiten riechen kann.
Der Frühling duftet nach Vanille,
der Sommer fruchtsüß, der Herbst zimtbuttrig
und der Winter nach Karamell.

Von Jahreszeitendüften und Kuchenalarm

In meiner Anfangszeit als Mama las ich einen Erziehungsratgeber nach dem anderen. Heute lese ich Backbücher. Ich glaube, es gibt beinahe kein Problem bei uns zuhause, das man nicht mit einem „Wollen wir was backen?" lösen könnte. Mit: „Kommt, wir essen Kuchen!" sowieso. Meine Kinder können noch so maulig, zerstritten oder wütend auf sich oder mich sein, sobald ich unser riesiges Mehlglas aus dem Vorratsschrank hole, ein paar Eier aus der Holzschale nehme und im Kühlschrank nach der Butter suche, glätten sich ihre Gesichter. Schimmern wieder honigfarben statt tomatenrot. Gehen ihre Mundwinkel rauf wie Hefeteig. Gemeinsam Backen ist einer meiner besten Erziehungstricks.

Ich liebe es, dass wir uns immer wieder quer durch die Jahreszeiten backen. Bei uns kann Besuch mit geschlossenen Augen zur Tür hereinkommen und weiß genau, dass Herbst ist. Weil es zimtbuttrig duftet. Oder Sommer – weil der fruchtsüße Duft von Erdbeerkuchen in der Luft liegt.

Es ist jedes Jahr ein Fest, wenn der Erdbeerbauer im Nachbardorf die große Holz-Erdbeere an die Straße stellt, als Zeichen, dass ab sofort gepflückt werden darf. Wir freuen uns jedes Jahr Wochen vorher aufs erste Pflücken und jedes Jahr nehme ich mir neu vor, dem Kleinsten zum Pflücken alte Sachen anzuziehen – vergesse es aber jedes Mal. Dann freue ich mich über die beiden erdbeersoßenverzierten Kleinen, die sich Früchte in der Größe ihrer Faust in den Mund schieben. Und über meine beiden Großen, die echte Pflückexperten sind und auf dem Erdbeerfeld genauso Gas geben wie auf dem Fußballfeld. Ich darf auf keinen Fall mehr sagen: „Pflückt so viele, wie ihr könnt!" – sonst werden es wieder 14 Kilo.

Ich liebe es, meinen Kindern dabei zuzusehen, wie sie das abgewogene Mehl in unsere große cremefarbene Rührschüssel kippen und sich freuen, wie es „nebelt". Wie sie, mit vor lauter Konzentration weit herausgestreckter Zunge, Teig ausrollen. Wie mein Großer Hefeteig knetet, als gehe es darum, den schlimmsten Feind zu verprügeln. (Der schlimmste Feind ist ein Brot, das knatschig ist, also nicht schön locker aufgegangen. Das hat er längst gelernt). Und ich freue mich, dass meine Jungs in ihren coolen Fußballtrikots vor ihren coolen Fußballkumpels über die beste Konsistenz von Kuvertüre debattieren.

Wir essen an den Wochenenden Kuchen, manchmal auch mitten in der Woche. Bei sechs Leuten bleibt zum Glück nie viel übrig. Manchmal packt mich dennoch mein Zuckergewissen und ich backe ihnen, statt unseren Lieblingswaffeln (Seite 105), zuckerfreie Dattelwaffeln. Ich mag die ganz gern, aber sie knabbern jedes Mal nur winzig kleine Bissen ab und raunen: „Joa, ganz gut!" Und während ich davon erzähle, dass die Waffeln zuckerfrei und vegan sind und wir ab jetzt vielleicht doch immer nach diesem Rezept Waffeln backen könnten, machen sie große Augen und fragen: "Immer?" Und dann knabbern sie weiter winzige Dattelwaffelhappen. „Wirklich immer?"
Einmal ließ ich ihnen die Dattelwaffeln da und fuhr einkaufen. Als ich wieder kam, sah ich schon von Weitem ihren kleinen Stand aus alten Obstkisten an unserer Dorfstraße stehen. Den, den wir mal gemeinsam für ihre Äpfel-, Blumen-, Kirsch- und Stein-Verkaufsgesellschaften gebaut hatten. Dieses Mal hatten sie oben an das Brett „Zuckerfrei! Bio! Vegan!" geschrieben. Als ich ausstieg, sah ich in der Auslage meine Waffeln liegen. Sie hatten alle Herzen vorsichtig auseinandergezupft. Einen Euro sollte ein Herz kosten. Ich schnappte nach Luft. „Einen Euro? Seid ihr verrückt, das ist ja Wucher!" Sie schüttelten eifrig die Köpfe. „Mama, für zuckerfrei und vegan kann man viel Geld verlangen – hat Oma auch gesagt."

Schon Wochen vor ihren Geburtstagen erinnern mich die Jungs an ihren Geburtstagskuchen (Seite 116), der ebenso wichtig ist, wie ihre Geschenke und jedes Mal sage ich: „Na klar, denke ich dran. Wie könnte ich den vergessen." Und dann nicken sie stolz und ahnen zum Glück nicht, dass ich ihn doch oft erst spät in der Nacht vorher backe, weil mal wieder so viel anderes war. Oft mixe ich weit nach Mitternacht den Teig und rühre trotz bleierner Müdigkeit jedes Mal jede Menge Liebe mit hinein, und ein paar breite Grinser über schöne Erinnerungen aus dem vergangenen Jahr. Außerdem ganz viel Dankbarkeit darüber, überhaupt ihren Geburtstagskuchen backen zu dürfen. Ich stelle mir immer gleich zu Beginn der Backerei einen Wecker, damit ich bloß nicht vergesse, mir hinterher einen Wecker zu stellen, wenn ich mich bloß mal kurz auf die Couch lege, während der Kuchen backt.
Ein Freund meines Mannes hat ein regelrechtes Backofen-Trauma, weil er Zeuge bei mindestens drei verbrannten, mitternächtlichen Geburtstagskuchen war, die ich – noch todmüde – jedes Mal gegen zwei noch mal neu backen musste. Wenn dieser Freund bei uns zur Tür hereinkommt, guckt er immer zuerst in den Ofen. Erst dann kann er sich entspannt zum Klönen auf die Couch setzen.

Apropos Wecker: Wir haben tatsächlich so oft Kuchen im Backofen, einen Beruhigungs-, Versöhnung-, Party-, Geburtstags- oder Einfach-so-Kuchen, dass mein Vierjähriger morgens, wenn mein Wecker klingelt, gern mal aufschreckt und ruft: „Mama, der Kuchen ist fertig!" ////

SAFTIGER KIRSCH-JOGHURT-KUCHEN (ALLES-WIRD-GUT-KUCHEN)

Dieser Kirschkuchen ist einer der meistgeklickten Beiträge auf meinem Blog und so lecker, dass er unbedingt mit ins Buch musste. Meine Freundin Kalinka hat ihn mir das erste Mal serviert, als ich weinend bei ihr im Garten saß, mit akutem Kleinkindkoller, ganz großen Gesundheitsplänen und seit dem Vortag ohne Kohlenhydrate, weil ich endlich wieder meine alte Figur zurückwollte. Sie servierte mir ein Stück dieses Kuchens mit einem Berg Schlagsahne und meinte: „Alles hat seine Zeit." Und sie hat so recht.

FÜR EINE FORM MIT 23 ZENTIMETER DURCHMESSER

- 1 Glas Kirschen (680 Gramm)
- 250 Gramm Weizenmehl Typ 405
- 175 Gramm weiche Butter
- 175 Gramm Zucker
- 1 Päckchen Vanillezucker
- 1 Prise Salz
- 3 Eier
- ½ Päckchen Backpulver
- 125 Gramm Vollmilchjoghurt
- etwas Puderzucker
- **Zum Servieren: Schlagsahne, Vanillezucker**

Kirschen abtropfen lassen. Den Backofen auf 150 Grad Ober- und Unterhitze vorheizen. Butter, Zucker, Vanillezucker und Salz mit dem Rührgerät verrühren. Die Eier einzeln unterrühren. Mehl mit Backpulver mischen und mit dem Joghurt unterrühren. Kirschen locker unterheben.

Teig in die gefettete Springform geben. Im heißen Ofen etwa 35 bis 45 Minuten backen. Unbedingt rechtzeitig eine Garprobe machen und den Kuchen herausnehmen, wenn gerade so kein Teig mehr am Stäbchen klebt. So wird der Kuchen besonders saftig. Abkühlen lassen und mit Puderzucker bestäuben. Sahne mit Vanillezucker aufschlagen und dazu essen. Mmmmh!

WAFFELN

Ich habe ewig nach dem perfekten Waffelrezept gesucht: saftig, aber knusprig am Rand, schnell zu machen und ganz ohne Jedöns. Dieses hier hat mir irgendwann eine ältere Grundschulkollegin verraten, mit der ich bei einer Vertretungsstelle im letzten Zipfel Schleswig-Holsteins einen Nachmittag lang bei 33 Grad unter einem grünen Bierwerbeschirm Waffelberge gebacken habe. Jedönslos gut!

FÜR 15 WAFFELN

- 250 Gramm weiche Butter
- 175 Gramm Zucker
- 1 Päckchen Vanillezucker
- 6 Eier
- 500 g Weizenmehl Typ 405
- 1 Päckchen Backpulver
- 1 Prise Salz
- ½ l Milch
- Sonnenblumenöl zum Einfetten
- Puderzucker

Butter, Zucker, Vanillezucker, Eier, Mehl, Backpulver, Salz und Milch miteinander verrühren. Das Waffeleisen mit ein wenig Öl leicht einfetten. Den Teig im heißen Waffeleisen zu fluffig kompakten Waffeln ausbacken. Mit Puderzucker bestäuben. Mmmh.

Tipp: Muffinförmchen selbermachen. Dafür aus Backpapier kleine Quadrate schneiden (etwa 14 mal 14 Zentimeter groß). Jedes Quadrat zweimal über die Ecken falten. Jedes Backpapierquadrat mithilfe eines Glases in eine Mulde des Muffinblechs drücken. Muffinförmchen anschließend mit Teig füllen.

FUSSBALL-MAMAS-RETTER-MUFFINS

Ich gestehe: Sonntags morgens viel zu früh auf einem Fußballplatz am anderen Ende von Hamburg zu stehen, weil einer meiner Söhne dort ein Spiel hat, gehört nicht zu meinen allerliebsten Wochenendbeschäftigungen. Außer, es gibt diese herrlich saftigen Muffins mit Überraschungsfüllungen von Fußballmama Steffi. Plus: das glückliche Kickergrinsen meiner Jungs.

FÜR 12 MUFFINS

- 2 Eier
- 250 Gramm Weizenmehl Typ 405
- 250 Milliliter Buttermilch
- 90 Milliliter Öl
- 125 Gramm Zucker
- 1 Päckchen Vanillezucker
- ½ Teelöffel Natron
- 2½ Teelöffel Backpulver

Für die Füllung: Nach Belieben Schokoperlen, Marzipan, Blaubeeren (frisch oder abgetropft aus dem Glas)

Den Backofen auf 180 Grad vorheizen (Ober- und Unterhitze). Für den Teig Eier, Buttermilch und Öl mit dem Handmixer verrühren. Mehl, Zucker, Vanillezucker, Natron und Backpulver mischen und nach und nach dazugeben. Kurz verrühren. Nach Belieben Blaubeeren oder Schokotropfen dazugeben und vorsichtig untermengen. Den Teig in Muffinförmchen füllen. Für die Marzipan-Muffins jeweils ein wenig Teig ins Förmchen geben, eine kleine Menge Marzipan darauf legen und einen Löffel Teig darüber geben. Etwa zwanzig Minuten bei 180 Grad backen, rechtzeitig eine Garprobe machen. Die Muffins schmecken besser, wenn sie schön hell sind.

HIMBEERTÖRTCHEN

Korsika-Urlaub 2018: Durch einen Zufall hatten wir die klitzekleine Patisserie entdeckt. Hinter einer Mauer mit einem Tor, das nur ab und zu mal offen stand. In einem Haus, knapp so groß wie eine Garage. Eine schmale Holztür, grüne Fensterläden rechts und links und eine blitzweiße Fassade, so hell, dass wir bloß mit zusammengekniffenen Augen eintreten konnten. Jedes Mal stand der Besitzer lächelnd in schwarzweißer Karo-Hose vor der bemehlten Arbeitsplatte in der Ecke. Und jedes Mal standen auf dem kleinen Tresen andere Leckereien – bloß die Himbeertörtchen, die gab es jedes Mal. Wahrscheinlich schmeckten die den Korsen genauso gut wie uns.

FÜR 6 STÜCK

- 440 Gramm Weizenmehl Typ 405
- 2 Eier
- 250 Gramm weiche Butter
- 2 Teelöffel Vanilleextrakt
- 250 Gramm Zucker plus 2 Esslöffel für den Pudding
- Schale von einer Bio-Zitrone
- 1 Paket Vanille-Puddingpulver
- ½ Liter Milch
- 1 Becher Sahne
- 100 Gramm Vollmilchkuvertüre
- 350 Gramm Himbeeren
- 2 Esslöffel Puderzucker

Das Mehl mit der Butter, der Zitronenschale, einem Teelöffel Vanilleextrakt, Zucker und Eiern mit dem Handrührgerät mixen. Den Teig zu einer Kugel formen und etwa 45 Minuten in den Kühlschrank legen.

Pudding aus dem Puddingpulver, einem halben Liter Milch und zwei Esslöffeln Zucker nach Packungsanweisung kochen. Abkühlen lassen. Sahne steif schlagen, unter den Pudding rühren, einen Teelöffel Vanilleextrakt dazugeben. Backofen auf 180 Grad vorheizen.

Den Teig aus dem Kühlschrank nehmen, kleine Kugeln formen und jeweils auf einem Brett rund ausrollen, etwa einen halben Zentimeter dick. Den Teig in kleine, gefettete Tartelettes-Förmchen legen und ein wenig in die Form drücken. Boden mit einer Gabel mehrmals einstechen und die Tartelettes etwa zehn Minuten bei 180 Grad Ober- und Unterhitze goldgelb backen. Auskühlen lassen. Kuvertüre im Wasserbad schmelzen, die Tartelettes damit innen bestreichen. Auskühlen lassen.

Tartelettes mit der Creme füllen, dicht an dicht mit Himbeeren belegen und Puderzucker darüber schneien lassen.

Tipp: Besonders gut klappt das mit Tartelettes-Förmchen mit herausnehmbarem Boden! Falls Teig übrig bleibt, backe ich immer noch vier kleine Ausstechkekse für die Jungs daraus.

ERDBEERBISKUITROLLE

Noch ein Rezept meiner Freundin Kalinka: Ich glaube, es gibt wenig Dinge, die sich so warm und gartengemütlich und sommertrödelig anfühlen, wie auf ihrer Terrasse zu sitzen und Erdbeerrolle zu essen, zwischen der kunterbunten Staudensammlung ihres Mannes und 1001 flatternden Schmetterlingen. Die sieben Söhne, die wir zusammen haben sind längst verschwunden zum Spielen im Wald. Biskuitrolle erinnert mich außerdem an meine Kindheit, an die süße Rolle bei unserem Dorfbäcker hinter der schweren Tür mit Brezeltürgriff. Bloß dass Kalinkas Rolle von heute wirklich so gut schmeckt, wie die andere in Gedanken immer schmeckte.

FÜR 4 PERSONEN
- **4 Esslöffel Mehl**
- **120 Gramm Zucker**
- **3 Eier, getrennt**
- **2 Esslöffel Speisestärke**
- **½ Teelöffel Backpulver**
- **1 Teelöffel Zitronenschale von einer Bio-Zitrone**
- **1 Prise Salz**
- **600 Gramm Erdbeeren**
- **2 Becher Schlagsahne**
- **2 Päckchen Vanillezucker**
- **2 Päckchen Sahnesteif**

Den Backofen auf 190 Grad vorheizen. Das Eiweiß mit einer Prise Salz und zwei Esslöffeln eiskaltem Wasser steif schlagen. 100 Gramm Zucker einrieseln lassen, Zitronenschale und Eigelb kurz unterrühren. Mehl mit Stärke und Backpulver nur vorsichtig unterheben. Den Teig auf ein Backblech mit Backpapier streichen und bei 190 Grad Ober- und Unterhitze etwa zehn Minuten backen. Inzwischen die Erdbeeren waschen, putzen und vierteln, einige Erdbeeren ganz lassen.

Die Teigplatte nach dem Backen sofort auf ein mit Zucker bestreutes Geschirrhandtuch stürzen. Die Teigplatte mithilfe des Handtuchs aufrollen und abkühlen lassen. Die Sahne mit Vanillezucker, restlichem Zucker und Sahnesteif aufschlagen, Teigplatte wieder vorsichtig entrollen und die Hälfte der Sahne auf die Teigplatte streichen, die Hälfte der geviertelten Erdbeeren darauf verteilen. Mithilfe des Tuchs wieder aufrollen. Die Rolle mit der restlichen Sahne bestreichen und mit den restlichen Erdbeerstücken und ganzen Erdbeeren verzieren.

HEIDELBEER-WÄHE À LA OMA WILMA

Als Kind verbrachte ich beinahe die ganzen Sommerferien jedes Jahr wieder bei meiner Oma auf dem Bauernhof im Wendland. Sie wusste, was Kindern gefällt: Barfuß Kartoffeln ausbuddeln, reiten auf dem übergewichtigen Nachbarpony, Heidelbeeren pflücken im Wald, um die Wette blaue Zungen rausstrecken und hinterher auf einer Decke im Gras ein Stück ihrer köstlichen Heidelbeer-Wähe essen.

FÜR EINE TARTEFORM MIT 24 ZENTIMETER DURCHMESSER

300 Gramm Weizenmehl Typ 405
150 Gramm Butter
1 Teelöffel Backpulver
100 Gramm Zucker
1 Teelöffel Vanilleextrakt
1 Ei
1 Prise Salz

Für die Füllung:
200 Gramm Saure Sahne
200 Gramm Crème fraîche
50 Gramm Puderzucker
1 Ei
1 Teelöffel Vanilleextrakt
500 Gramm Heidelbeeren

Aus Mehl, Butter, Backpulver, Zucker, Vanilleextrakt, Ei und einer Prise Salz einen Teig kneten. Zur Kugel formen und eine halbe Stunde in den Kühlschrank legen. Hinterher den Backofen auf 175 Grad (Ober- und Unterhitze) vorheizen. Für die Füllung: Die Heidelbeeren waschen und abtropfen lassen. Die Saure Sahne, Crème fraîche mit dem Puderzucker, dem Ei und dem Vanilleextrakt verrühren. Die Heidelbeeren vorsichtig unterheben. Den Teig aus dem Kühlschrank nehmen, mit etwas Mehl bestäuben und vorsichtig fingerdick ausrollen. Teig in eine Tarteform drücken (Durchmesser 24 Zentimeter), Teig außen zu einem dünnen Rand hochziehen. Den Teig mehrmals mit einer Gabel einstechen. Füllung darauf gießen. Im heißen Backofen etwa 35 Minuten bei 175 Grad backen.

Tipp: Unbedingt rechtzeitig aus dem Ofen holen – die Wähe darf auf keinen Fall braun werden.

Tipp: Ganz in der Nähe der Hamburger City, im Ortsteil Bergedorf, gibt es mit den Boberger Dünen ein herrliches Picknickziel. Dort findet man einen hübschen Birkenwald und weite Sandflächen zum Buddeln.

APFEL-TASCHEN MIT SALZKARAMELL

Diese süßen Taschen sind super für ein Herbst-Picknick, wenn morgens der Nebel noch ein wenig auf den Wiesen liegen bleibt, die Tage aber noch warm sind und die Sonne überall Gold draufpinselt. Wir packen unseren Picknickkorb und ein paar Decken, suchen uns einen hübschen Platz im Wald und schauen nach den ersten Pilzen. Und obwohl ich jedes Mal traurig bin, wenn der Sommer zu Ende geht, merke ich an diesen Nachmittagen, wie gern ich den Herbst habe.

FÜR 6 APFEL-TASCHEN

- 1 Packung Blätterteig aus der Kühltheke
- 2 Äpfel • 1 Teelöffel Zitronensaft • Salz
- 30 Gramm Zucker • 2 Esslöffel Mehl
- 1 Teelöffel Zimt • 6 weiche Sahnetoffees

Apfel schälen, entkernen, achteln und in kleine Würfelchen schneiden. Apfelwürfel in einer kleinen Schüssel mit Zitronensaft, Zucker, Mehl und Zimt vermischen. Backofen auf 190 Grad Ober- und Unterhitze vorheizen. Teig aus der Packung nehmen und mit einer Tasse Kreise ausstechen. Die Teigkreise auf einem mit Backpapier belegten Backblech verteilen.
Die Äpfel jeweils auf einer Kreisseite verteilen, dabei sollte außen ein kleiner, etwa 0,5 Zentimeter breiter Rand, frei bleiben. Die Sahnetoffees der Länge nach halbieren und in Stücke schneiden, zu den Äpfeln geben und mit jeweils einer Prise Salz bestreuen.
Zum Verschließen die Apfel-Karamell-Füllung mit einem weiteren Teigkreis bedecken. Den Rand mit einer Gabel rundherum zusammendrücken. Mit etwas Wasser bestreichen und oben mit einem Messer einritzen. Die Apfeltaschen für circa 10-13 Minuten backen, bis sie schön braun und knusprig sind. 10 Minuten abkühlen lassen und am besten lauwarm genießen. Die kleinen Taschen schmecken aber auch kalt lecker.

ZIMTSCHNECKEN

Das Schönste an diesen Schnecken ist vielleicht, dabei zuzusehen, wie der Hefeteig erst flockig und zäh ist und durchs Rühren und Kneten knautschig wird. Oder aber, wie er glatt und riesengroß aufgeht, bis er über unsere Rührschüssel schaut und unbedingt gebacken werden will — wie im Märchen mit dem süßen Brei. Oder der warme, zimtbuttrige Duft, bei dem man sicher ist, dass alles gut wird. Und natürlich der Biss ins saftige Hefezimtglück.

FÜR 10 SCHNECKEN

- 250 Milliliter Milch • 70 Gramm Zucker
- 70 Gramm Butter • 1 Würfel Hefe • 1 Prise Salz • 500 Gramm Weizenmehl Typ 550 • 1 Ei
- Füllung: • 100 Gramm weiche Butter
- 100 Gramm Zucker • 3 Esslöffel Zimt

Ofen vorheizen. Milch erwärmen (Achtung, nicht kochen!). Zucker hineinrühren, Hefe dazu bröseln, umrühren und die Hefe fünf Minuten arbeiten lassen. Salz, Mehl, Butter und Ei dazugeben und alles mit den Knethaken vermischen. Dann mit den Händen ordentlich durchkneten. Den Teig eine Stunde gehen lassen.
Für die Füllung Butter, Zucker und Zimt verrühren. Den Teig zum Rechteck ausrollen (etwa einen Finger dick). Die Füllung darauf streichen. Den Teig einrollen und in zwei Zentimeter breite Scheiben schneiden. In eine gefettete Auflaufform geben und im vorgeheizten Backofen 20 Minuten bei 170 Grad Ober- und Unterhitze backen.

PS: Das Rezept stammt von meiner dänischen WG-Mitbewohnerin, bei der ich lebte, als ich ein Semester in Kopenhagen studierte. Sie meinte, dass Beste daran sei, dass diese Schnecken am Tag drauf noch schmecken (was bei Zimtschnecken nie so ist). Leider kann ich das in meiner aktuellen Wohngemeinschaft mit vier zimthungrigen Söhnen nicht ausprobieren.

UNSER GEBURTSTAGSKUCHEN

Ich mag Rührkuchen am liebsten richtig klebrig. Meine Kinder bevorzugen ihn ein bisschen weniger matschig. Vielleicht, weil man damit besser herumlaufen und weiterspielen und krümeln kann (an Geburtstagen bei uns ausnahmsweise erlaubt). Dieser Kuchen ist der perfekte Kompromiss — saftig und kompakt und man kann ihn ganz wunderbar mit Nüssen, Zitrone, Kakao oder Schokoladenstückchen verfeinern, ganz nach Wunsch des jeweiligen Geburtstagskindes. Und klar kann man daraus auch ganz leicht einen Motto-Kuchen passend zur Geburtstagsfeier machen.

FÜR SPRINGFORM MIT 24 CM DURCHMESSER

- 225 Gramm weiche Butter plus Butter zum Einfetten
- 225 Gramm Zucker
- 6 Eier
- 1 Teelöffel Vanille-Extrakt oder Mark einer Vanilleschote
- 150 Gramm Crème fraîche
- 300 Gramm Weizenmehl Typ 405
- 1 Prise Salz
- 1 Päckchen Backpulver
- 100 Gramm Vollmilch-Schokolade
- 2 Esslöffel Kakaopulver
- 2 Esslöffel Milch
- 400 Gramm weiße oder braune Kuvertüre
- Smarties

Die Vollmilchschokolade im Wasserbad schmelzen lassen. Den Ofen auf 180 Grad (Ober-Unterhitze) vorheizen, eine runde Springform (24 Zentimeter) mit Backpapier auslegen und einfetten. Die Butter mit dem Zucker sowie einer Prise Salz sehr cremig rühren. Die Eier einzeln unterrühren. Als nächstes Vanille-Extrakt sowie Crème fraîche unter den Teig rühren, ganz zum Schluss Mehl und Backpulver dazugeben. Diese nur kurz unterrühren. Den Teig in zwei Hälften teilen, Schokolade, Milch und Kakaopulver unter eine Hälfte rühren. Zunächst den Schokoteig, dann den hellen Teig in die Backform füllen. Mit einer Gabel ein wenig durchmischen. Kuchen im heißen Ofen etwa 50 – 55 Minuten backen. Rechtzeitig eine Garprobe machen, der Kuchen sollte nicht zu braun werden. Den Kuchen abkühlen lassen. Die weiße Kuvertüre schmelzen, auf den Kuchen streichen, am Rand hübsch herunterlaufen lassen und mit Smarties verzieren.

Tipp: Reichlich Ideen für einen Piraten-, Eisbären-, Drachen-, Meer-, Indianergeburtstag, eine Ferkelfete, eine Oma-und-Opa-Party und viel mehr gibt's auf meinem Blog Wasfürmich.de unter der Rubrik Kindergeburtstag.

Tipp: Den Kuchen kann man je nach Gelegenheit wunderbar verzieren (siehe Ideen auf Seite 124). Damit ist er auch ein richtiges Wow-Geschenk für gute Freundinnen.

WAHNSINNIG GUTE SCHOKO-PEKANNUSS-BIRNEN-TORTE

Diese köstlich saftige, oberschokoladige Torte gibt es bei uns jedes Jahr das erste Mal als Nachtisch an meinem Geburtstag im November. Dann auf jeden Fall an Weihnachten — und mindestens noch einmal an einem nieseligen Februarwochenende. Selbst ich schaffe nur ein schmales Stück davon — aber Halleluja — das ist so, so gut.

FÜR SPRINGFORM MIT 24 CM DURCHMESSER

Für den Teig:
- 100 Gramm dunkle Kuvertüre (55 Prozent Kakao) • 275 Gramm Weizenmehl Typ 405
- 3 Teelöffel Backpulver • 1 Teelöffel Natron
- Salz • je 1 Teelöffel Kardamom und Zimt
- ½ Teelöffel Muskatnuss • 2 Esslöffel Kakaopulver • 250 Gramm weiche Butter
- 200 Gramm brauner Zucker • 1 Päckchen Vanillezucker • 3 Eier • 125 Milliliter Buttermilch

Für das Birnenmus:
- 3 große, weiche Birnen • ½ Teelöffel Zimt
- 1 Schuss Apfelsaft

Für die Füllung und den Guss:
- 150 Gramm Pekannusskerne (ersatzweise Walnusskerne) • 4 Esslöffel Ahornsirup
- 2 Teelöffel Butter • 400 Gramm dunkle Kuvertüre (55 Prozent Kakao)
- 350 Milliliter Schlagsahne

Für das Birnenmus: Die Birnen schälen und würfeln. Mit Zimt und Apfelsaft auf kleiner Flamme musig kochen. Abkühlen lassen.

Für den Teig: Den Backofen auf 175 Grad Ober- und Unterhitze vorheizen. Die Kuvertüre in Stücke brechen, im Wasserbad schmelzen und etwas abkühlen lassen. 200 Milliliter Wasser erhitzen und mit dem Kakaopulver verrühren. Butter, Zucker und Vanillezucker mit dem Handrührer cremig rühren. Eier einzeln unterrühren. Flüssige Kuvertüre, Kardamom, Zimt und Muskat dazugeben. Den warmen Kakao langsam unter Rühren einfließen lassen, Mehl, Backpulver, Natron und eine ordentliche Prise Salz unterrühren und zum Schluss die Hälfte des Birnenmuses unterheben. Den Teig in eine mit Backpapier ausgelegte Springform (24 Zentimeter) streichen. Im vorgeheizten Backofen bei 175 Grad etwa eine Stunde backen. Stäbchenprobe machen, bloß nicht trocken werden lassen.

Für die Füllung: Die Pekannüsse auf einem mit Backpapier ausgelegten Blech für fünf Minuten über den Kuchen schieben und rösten. Vier Esslöffel Ahornsirup in einer Pfanne aufkochen, geröstete Pekannüsse und zwei Teelöffel Butter dazugeben und die Nüsse für ein bis zwei Minuten karamellisieren lassen. Abkühlen lassen. Wenn die Nüsse kalt sind hacken.
Die Kuvertüre hacken und im Wasserbad schmelzen lassen, Sahne zur Kuvertüre geben und gut verrühren. Die Kuvertüre-Sahne teilen. Eine Hälfte in den Kühlschrank stellen.
Zur anderen Hälfte die Hälfte der karamellisierten Pekannüsse geben und bei Zimmertemperatur stehen lassen.
Endspurt: Den abgekühlten Teig aus der Form lösen. Mit einem großen Messer waagerecht in zwei Böden schneiden. Den unteren Boden auf eine hübsche Kuchenplatte legen und mit dem restlichen Birnenmus bestreichen. Die Kuvertüre-Sahne-Mischung aus dem Kühlschrank steif schlagen und auf das Birnenmus streichen. Den zweiten Boden darauf legen. Die Kuvertüre-Sahne-Pekannuss-Mischung über den Kuchen gießen (ist sie zu steif, kurz erwärmen) und die karamellisierten Pekannüsse darüber werfen. Bis zum Servieren kaltstellen.

MACADAMIA-SALZKARAMELL-KRACHER
(UNSERE LIEBSTEN WEIHNACHTSPLÄTZCHEN!)

Ich backe mich jedes Jahr in der Adventszeit durch mehrere Sonderkeksbeilagen de[r] Magazine. Am liebsten durch das der Zeitschrift Brigitte. Mir wird so weihnacht[-]lich dabei, wie bei sonst nix. Die wenigsten Rezepte backe ich ein zweites Mal. Auße[r] diesem hier, aus der Brigitte-Plätzchenbeilage von 2008. Ich liebe die Kombination vo[n] Macadamia und Salzkaramell.

FÜR ETWA 50 KEKSE

Für den Teig:
100 Gramm weiche Butter
50 Gramm Puderzucker
1 Messerspitze Zimt
50 Gramm Marzipanrohmasse
1 Eigelb
200 Gramm Weizenmehl Typ 405

Für den Belag:
1 Eiweiß
130 Gramm gesalzene Macadamia Nusskerne
130 Gramm Zucker
2 große Prisen Salz
40 Gramm Butter

Butter, Puderzucker und Zimt in eine Schüssel geben. Die Marzipanrohmasse dazu bröseln. Alles mit dem Hand[-]rührgerät verrrühren, das Eigelb dabei unterrühren. Das Mehl dazugeben, verrühren und dann mit den Hände[n] kurz zu einem Teig kneten. Für etwa eine Stunde kaltstellen. Rechtzeitig den Backofen auf 180 Grad Ober- un[d] Unterhitze vorheizen.

Den Teig mit Mehl bestäuben und etwa 3 Millimeter dick ausrollen. Runde Kekse ausstechen und auf ein Back[-]blech mit Backpapier legen. Das Eiweiß verquirlen und die Plätzchen dünn damit bestreichen. In die Mitt[e] jeweils eine Macadamianuss legen. Im Backofen bei 180 Grad auf mittlerer Schiene etwa 10 Minuten goldge[lb] backen und auskühlen lassen.

Den Zucker auf den Boden einer großen Pfanne streuen und das Salz dazugeben. Zucker bei mittlerer Hitz[e] möglichst ohne Rühren langsam goldbraun karamellisieren lassen. Sobald der Zucker hellbraun ist, den Top[f] vom Herd nehmen und die Butter ganz schnell unterrühren. Den Karamell sofort mit einem Teelöffel über d[ie] Plätzchen sprenkeln. Achtung, er wird ganz schnell hart.

TANTE ILSES HEIDESAND

Tante Ilse ist eigentlich gar keine richtige Tante. Aber weil unsere Kinder weder Tanten noch Onkel haben, darf man jede Tantengelegenheit nutzen, finden sie. Tante Ilse ist beinahe 90, freut sich immer riesig, wenn die Jungs sie besuchen. (Und auch ein kleines Bisschen, wenn sie nach einer Weile wieder gehen.) Jedes Mal gibt es bei ihr diese herrlich mürben, buttrigen Kekse. Ausnahmsweise sogar jedes Mal so viele, wie man mag. (Und jedes Mal noch eine Keksdose voll zum Mitnehmen für Zuhause).

FÜR ETWA 25 KEKSE

- **250 Gramm Butter** • **300 Gramm Zucker** • **375 g Weizenmehl Typ 405** • **1 Teelöffel Backpulver**
- **1 Prise Salz** • **1 Päckchen Vanillezucker**

Die Butter in einer Pfanne leicht bräunen. Zucker, Vanillezucker Backpulver und Mehl dazugeben. Den Teig mit den Händen kneten und zu einer Rolle formen, in Frischhaltefolie einwickeln und eine Stunde in den Kühlschrank stellen. Tante Ilse lässt den Keksteig immer über Nacht in Folie gewickelt stehen. Teig in kleinfingerdicke Scheiben schneiden und im Ofen bei 170 Grad Ober- und Unterhitze etwa 20-25 Minuten goldgelb backen.

Das Schönste an dieser Art von Keksen ist, dass die Kinder sie tatsächlich ganz allein machen können. Ich lege ihnen einen Teigklops hin, sie kullern, rollen, schneiden, legen und drücken ganz allein, sogar meine beiden Kleinen, während ich zum Beispiel koche. Ich schiebe bloß noch das Blech in den Ofen. Übrigens mag ich die schiefen und krummen Kekse mit den Fingerbohrlöcher am allerliebsten.

DIY

VIER MAL TORTENDEKO

Eine besondere Torte wird noch besonderer, wenn man ihr passend zum Event eine hübsche Deko verpasst. Hier vier fixe Ideen für viele Wows.

BLUMEN SATT

ein paar hübsche Blumen, Gräser, Federn, Tanne, eventuell Frischhaltefolie

Blumenstiele am unteren Ende eventuell mit Folie umwickeln (vor allem wichtig bei giftigen Pflanzen) und dicht an dicht in verschiedenen Höhen in die Torte stecken.

FEUERWERK

festes Papier, Wasser- oder Aquarellfarben, Pinsel, Schaschlikspieße, bunter Papiertrinkhalm, Klebestift, Tonpapierrest, Krepppapierrest, Klebeband, kleines Stück Blumendraht

Mit Wasser, Farbe und Pinsel bunte Farbflecken auf das Papier klecksen. Trocknen lassen, rund ausschneiden und mit einem Klebebandstreifen am Schaschlikspieß befestigen. Für die Rakete einen Trinkhalm halbieren. Auf Tonpapier einen kleinen Halbkreis (Durchmesser drei Zentimeter) zeichnen und ausschneiden. Den Halbkreis zur Spitze einrollen, mit Kleber fixieren. Etwas Klebe in die Spitze geben und den Trinkhalm hinein stecken. Hinten ein Stück Krepppapier als Feuer in den Trinkhalm stecken. Ein kleines Stück Blumendraht um den Trinkhalm wickeln und die Rakete daran mit dem Feuerwerk in die Torte stecken.

TANNENWALD

Wasser- oder Aquarellfarben, Pinsel, Schere, Klebeband, Stifte, festes Papier, Schaschlikspieße

Aus dem Papier viele Tannen in verschiedenen Größen ausschneiden. Mit Farben und Stiften bemalen. Besonders hübsch sieht es aus, wenn man in einer Farbfamilie bleibt und grafische Muster zeichnet (zum Beispiel in Grüntönen). Tannen trocknen lassen und auf der Rückseite mit Klebeband an Schaschlikspießen befestigen. Schaschlikspieße kürzen und in verschiedenen Höhen in die Torte stecken.

WUNDERKERZEN

Wunderkerzen

So simpel, so genial (mit Ach-wie-schön-Erinnerungen an Traumschiff-guck-Abende bei Oma). Wunderkerzen in die Torte stecken und anzünden. Kleine Ascheflocken, die eventuell auf dem Kuchen landen, vorsichtig mit einem spitzen Messer entfernen.

MEINE REZEPTE

WAS ALLE ABENDS LIEBEN

Egal was tagsüber so passiert, was gut oder schlecht läuft, wir sechs haben abends ein Date am Esstisch. Ich liebe dieses Versprechen an uns selbst.

Alles wird gut!

Immer wenn ich dachte, ich hätte es geschafft, wenn ich endlich drin war in einer angenehmen Abendkochroutine – dann bekamen wir wieder ein Baby. Und mein Hirn war wieder butterweich – und nicht mein Püree.

Mit jedem Kind ging es wieder los: Brokkoli putzen, Baby wickeln, Brokkoli auf dem Backblech verteilen, einarmig. Beim Schieben in den heißen Ofen auf Babys Kopf aufpassen – aber mich verbrennen. Stillen, wickeln, Nudeln suchen, fluchen, trösten. Weinen hören, mitweinen wollen. Es bereuen, nicht einfach Tiefkühlpizza gekauft zu haben. Schon beim Tiefkühlpizza-Gedanken ein schlechtes Gewissen haben. Durchatmen, noch mal wickeln, weiter stillen. Baby ablegen. Nudeln ins kochende Wasser werfen. Mit dem Zweijährigen einen Stoffball hin und herwerfen. Schreiendes Baby wieder hochnehmen. Nudeln überkochen sehen, Baby trösten, Zweijährigen trösten. Riechen, dass die Windel voll ist, riechen dass der Brokkoli verbrennt, schluchzen, Baby - ach nein – Brokkoli verfluchen. Schließlich verkochte Nudeln mit Butter und Parmesan servieren.

Obwohl ich nach den ersten beiden Kindern wusste, dass es irgendwann wieder leichter werden würde, glaubte ich es nicht. Natürlich nicht. Zum Glück kam meine Kochlust jedes Mal zurück. Also falls ihr noch mitten in der Kleinkind-Frust-Phase steckt: Jaaaa! Es kommen bessere Zeiten. Zeiten, in denen die Kinder während des Kochens ein Hörspiel hören oder draußen spielen oder schon mal den Tisch decken: einer Teller, einer Gläser, einer Besteck. Irgendwann wird sogar der Tag kommen, an dem die Kinder selbst etwas kochen und es wird super schmecken, auch wenn es nicht super schmeckt. Ganz sicher!

Was ich mache, damit Kochen und Essen bei uns möglichst entspannt ablaufen:
Einen Mahlzeiten-Plan schreiben (Seite 255). Es ist eine Wahnsinnserleichterung, wenn entschieden ist, was es gibt. Und den Plan jeden Sonntagabend fix zu schreiben ist gar nicht so schwer, wenn man sich erst mal dran gewöhnt hat.

Während der Plan nämlich zunächst schrecklich weiß ist, ändert sich das ganz fix, weil ich mich jede Woche wieder an folgenden Punkten orientiere: Dienstags gibt es immer Brot oder einen schnellen Salat, zum Beispiel den Regenbogensalat (Seite 185), weil dienstags unser langer Hobbynachmittag ist. Montags gibt es zur Wochenmotivation oft ein Wunschessen der Jungs, vielleicht Spaghetti mit Fleischklößchen (Seite 144). Mittwochs gern was Fixes, zum Beispiel Gnocchi (Seite 154).
Einmal gibt es Fisch, am liebsten schwedischen Mittsommerlachs (Seite 189) meist donnerstags, weil dann das Fischmobil kommt. Freitags machen wir oft ein Couchpicknick mit Smörrebröd (Seite 218) oder Pizza (Seite 176). Samstags bekommen wir fast immer Besuch und ich lege in Sachen Kochen richtig los, zum Beispiel mit Jos Rippchen (Seite 174). Sonntags gibt es gern mal einen Sonntagsbraten, wie den Rehbraten (Seite 171).

Wenn ich kochen möchte, fahre ich von Spielverabredungen oder Jobterminen rechtzeitig nach Hause. Wenn ich weiß, dass es knapp wird, versuche ich erst gar nicht zu kochen. Dann gibt es Brot (oder Reste).

Klingt verrückt, aber: Ich mache es mir zum Kochen gemütlich. Ich stelle Musik an, stelle den Kindern vorher eine Flasche Wasser und Gläser hin. Lege mein Handy weg. Wechsele vorher Windeln. Lege ein paar Buntstifte und weißes Papier in die Küche, falls ein Kind gelangweilt vorbei kommt und mir Gesellschaft leisten möchte.
Wenn die Kinder fragen, was es gibt, mache ich mit den beliebten Lebensmitteln aus meinem Gericht Werbung für unser Abendbrot. Ansonsten kann es vorkommen, dass sie sich ein ganze halbe Stunde lang darüber aufregen, dass in die Kürbissuppe Kichererbsen kommen. Obwohl sie die Suppe eigentlich gern essen...
Und ich erzähle Geschichten. Über einen Kartoffelkönig, der zu faul war, Knollenberge zu besteigen und daher allen Köchen befiehlt, Püree zu machen. Oder nenne Pilze einfach mal Troll-Regenschirme.
Die Kinder dürfen, während ich koche, jederzeit helfen oder probieren. Ich bin mir sicher, dass sie dadurch offener und neugieriger dem Essen gegenüber werden.

Einige Lebensmittel versuche ich immer im Haus zu haben, um jederzeit ein schnelles Abendessen improvisieren zu können, wie: Nudeln, Tiefkühl-Erbsen, Sahne und Parmesan für Spaghetti Erbsonara (Seite 62). Wenn ich den Tisch decke, lege ich gleich die Küchenrolle und einen feuchten Lappen dazu.

Seit ich auf dem Land lebe, hat sich meine Art zu kochen noch auf eine andere Art verändert. Die Nähe zur Natur, zu Beeten und Äckern und das bewusste Erleben von Saison prägt meine Küche. Wer den ganzen Tag durch nieselgraue Kälte stapft, wer es im Beet orange schimmern sieht, der hat abends Hunger auf warme Kürbissuppe – nicht auf einmal um die Welt geflogene Erdbeeren.
Im Winter ist es in unserem kleinen Dorf wochenlang sehr grau und trostlos, besonders von Januar bis Mitte März. Manchmal sehen wir vor lauter Nebel den Hühnerstall aus dem Schlafzimmerfenster nicht. Die feuchte Kälte kriecht unter den Türschlitz und durch die Ritzen im Wintergarten ins Haus. In diesen Wochen geht das Feuer in unserem Kamin nie aus und ich bin doppelt froh, wenn ich mir ein fehlendes Stück Butter für spontane Nachmittagswaffeln (Seite 105) bei meiner Schwiegermutter oder einer Nachbarin leihen kann.
„Im Winter braucht man hier viel Alkohol", erklärte mir eine neue Freundin in unserem ersten Landwinter. Und tatsächlich hilft eine Tasse Glühwein am Kamin mit Freunden immer gegen Grau-Grummel. Auch wichtig: ein guter Eiskratzer. Bei uns ist es nämlich immer noch fünf Grad kälter als in der Stadt. Dafür hab ich auf dem Land zum ersten Mal so richtig verstanden, was an einem Sternenhimmel so romantisch ist. Ist nämlich tatsächlich bombastisch: Dieses Leuchtgelb auf Knallschwarz. Ganz ohne Lichter und Leuchtreklame.
Wer alles wieder gutmacht, ist der Sommer. Wenn unser winziges Dorf so viele quietschgrüne Wiesen, duftende Sträucher und blitzweißen Elbsand vor sich her trägt, dass es beinahe hinten überfällt, auf seinen weichen Rundballenpo. Wenn es überall nach grillen

duftet und ich abends zwei Stunden für eine kurze Joggingrunde brauche, weil mich jeder Zweite an der Dorfstraße auf ein Getränk einlädt. Wenn ich vom Joggen wiederkomme und mich frage, ob man vom Fliederduft betrunken werden kann, weil es sich genau so anfühlt.

Seit wir einen Garten haben, freue ich mich wie verrückt über jeden Kohlrabi, den ich vor den Schnecken retten kann und darüber, dass meine Jungs wissen, an welchen Blättern im Beet sie ziehen müssen, damit eine Möhre herauskommt. Ich liebe das Geräusch, das Kohlrabiblätter machen, wenn man sie abreißt. Ratsch! (Unsere drei Kaninchen auch!) Ich bin stolz, dass ich seit einer Weile im Tante-Emma-Laden die weichen Brötchen bekomme – und nicht mehr die harten vom Vortag wie die Touristen. Und ich freue mich noch immer über jeden Storch. Meine Söhne machen schon Witze und prusten los: „Mama, das ist doch bloß ein Storch!"

Seit wir auf dem Land wohnen, besitzen wir noch etwas Wunderbares: Einen Gefrierschrank, der so groß ist wie ich. Ich koche seitdem oft große Mengen und friere die Hälfte ein. Es gibt nämlich kaum ein besseres Gefühl, als vollgestopfte Tage, für die man vorher schnell etwas auftauen kann. Und beim Essen trotzdem ein warmes Selbstgekocht-Gefühl hat. Das ist Geborgenheit zum Auftauen. Super einfrieren lassen sich unter anderem: die Back-Beete-Bolo (Seite 190), Laaser Suppe (Seite 136) und das Curry (Seite 76).

Bei unseren Abendessen kommt außer Essen übrigens noch viel mehr auf den Tisch: Geschichten aus der Schule, Gepetze, eine selbst gebastelte Schnappschlange und die erdige Steinsammlung aus einer Jeanshosentasche.

Manchmal wechselt das Programm im Minutentakt, als würde ich mit der Fernbedienung zappen: Hier plaudern. Klick. Dort leise schlürfende Essruhe. Klick. Da boxen um die herzförmige Kartoffel. Klick: Der Große erzählt von seiner Hauptrolle im Schultheaterstück. Klick. Einer pustet permanent die Kerze in der Tischmitte aus. Klick. Einer hat endlich das „A" gelernt. Klick.

Das gemeinsame Abendessen ist die ideale Gelegenheit zu hören, was bei uns allen so los ist. Viel besser als das gähnend langweilige „Wie war's denn in der Schule?", sind dafür offene Fragen wie diese:

- Was war das Beste am heutigen Tag?
- Was war heute blöd?
- Wenn du heute ein Tier hättest sein können, welches wäre das?
- Wenn der Tag heute eine Farbe hätte, welche wäre das?
- Welches Lied passt zum heutigen Tag?
- Was hat dich heute glücklich gemacht?
- Wen hast du heute glücklich gemacht?
- Worauf freust du dich am meisten am Wochenende?

Oft erzählen André und ich auch einfach von unserem Tag. Dann fangen die Jungs ganz von selbst an, von ihrem zu erzählen. Manchmal ist es so gemütlich, dass wir eine gefühlte Ewigkeit am Tisch sitzen bleiben, bis es längst dämmert. So lange, dass die beiden Kleinen Stifte und Papier oder ein paar Autos holen und es sich einer der beiden Großen auf der schwedischen Küchenbank gemütlich macht. So gemütlich, dass niemand Lust hat aufzustehen und den Tisch abzuräumen. Geschweige denn ins Bett zu gehen. ////

FIXE LACHS BURRITOS

Lachs, Mais, Tortillas und Crème fraîche gehören zu den absoluten Lieblingsspeisen meiner Kinder. Die alle zusammen in einem schnellen Abendessen? Ein Fest! Und wenn man dabei noch Mama beobachten kann, die ihren Burrito wie immer viel zu voll gepackt hat und schlimmer kleckert, als der Zweijährige und die mit einem weißen Schnurrbart und einem Klecks auf der Nasenspitze einfach urkomisch aussieht, dann wird aus einem stinknormalen Donnerstagabend eine kleine Fiesta.

FÜR 4 PERSONEN
- 4 Stück Lachsfilet
- 2 frische Maiskolben
- 2 Knoblauchzehen
- Salz, Pfeffer, ½ Teelöffel Chilipulver, ½ Teelöffel Kreuzkümmel
- 1 Schalotte
- 1 Becher Crème fraîche
- 1 Esslöffel Limettensaft
- 1 Esslöffel Butter
- Olivenöl
- 1 Packung kleine Maismehltortilla-Wraps (8 Stück)
- eventuell ein paar Stängel frischen Koriander

Knoblauchzehen schälen und in Scheiben schneiden. Lachs auf ein Backblech legen, mit Olivenöl besprenkeln, salzen, pfeffern und mit Knobischeiben belegen. Im Backofen bei 180 Grad Ober- und Unterhitze etwa zehn Minuten backen. Maiskolben in einen Topf mit Salzwasser geben und etwa zehn Minuten kochen. Schalotte putzen und hacken. Crème fraîche mit Limettensaft, Salz, Pfeffer, Chilipulver und Kreuzkümmel verrühren. Maiskolben aus dem Wasser nehmen, kurz mit Küchenpapier abtupfen und mit Butter bepinseln. Salzen und kurz abkühlen lassen. Lachs aus dem Backofen holen und mit einer Gabel zerrupfen. Tortillas auf zwei Backblechen verteilen und kurz in den noch warmen Ofen schieben. Den Butter-Mais jeweils mit einem großen Messer von den Kolben schneiden. Die Tortillas mit Lachs, Maisstückchen, eventuell frischem Koriander und Crème fraîche-Soße servieren. Dafür die Füllung in die Mitte geben, dann die Tortilla wie ein Geburtstagspaket drumherum klappen.

PS: Die Tortillas haben wir so ähnlich mal in einer Beachbar in der Nähe von St. Tropéz gegessen. Inklusive weißem Schnurrbart!

LAASER SUPPE

Diese Suppe hat Familientradition — und ist ein ziemliches Projekt. Ich sehe sie gern als wunderbare Beschäftigung für trödelig verregnete Herbstsonntage, dann macht sie richtig Spaß. Die Suppe lieben alle — und Reste lassen sich wunderbar einfrieren. Hier würden einige für den letzten Tropfen Brühe am liebsten in die Suppenschüssel kriechen. Und natürlich für das letzte Fleischklößchen …

FÜR 8 PERSONEN

Für die Suppe:
1 Bio-Beinscheibe (doppeldaumendick)
1 Bund Suppengrün
3 Liter Gemüsebrühe
2 Hände voll Erbsen (frisch oder tiefgekühlt)
1 Lorbeerblatt
5 Pimentkörner
5 Pfefferkörner

Für die Fleisch-Klößchen:
200 Gramm gemischtes Bio-Hackfleisch
1 Ei
2 Esslöffel Paniermehl
1 gehäufter Esslöffel Quark
Salz, Pfeffer

Für die Grießklößchen:
1 Esslöffel Butter
125 Gramm Hartweizen Grieß
2 kleine Eier
Salz, Pfeffer, Muskatnuss
etwas Weichweizengrieß

Für die Suppe: Suppengemüse putzen und alles in kleine Würfel schneiden. Brühe mit der Hälfte des gewürfelten Suppengemüses, Piment, Pfefferkörner, Lorbeer und der Beinscheibe in einen großen Topf geben und zwei Stunden köcheln. Tiefkühl-Erbsen mit kochendem Wasser übergießen.

Für die Fleischklößchen: Das Hack mit Ei, Paniermehl, Quark, Pfeffer und reichlich Salz vermischen und mit beiden Händen viele murmelgroße Klößchen drehen. In einem Topf mit Wasser fünf Minuten garen, herausnehmen und abtropfen lassen.

Für die Grießklößchen: 250 Milliliter Wasser, Butter, zwei Prisen Salz, Pfeffer und Muskat aufkochen. Umrühren und Grieß dabei hineinrieseln lassen. Grieß rühren, bis sich die Masse vom Topfboden löst. Ein paar Minuten stehen lassen und die beiden Eier unterrühren. Salzwasser in einem Topf zum Kochen bringen, Hände mit etwas Weichweizengrieß pudern und kleine Klöße aus dem Grieß rollen. Grießklößchen ins Salzwasser werfen, eine Minute kochen lassen, dann Temperatur reduzieren und die Klöße etwa zehn Minuten gar ziehen lassen. Mit einer Schaumkelle herausfischen und abtropfen lassen.

Zum Schluss die Beinscheibe, Pfefferkörner, Piment, Lorbeer aus der Suppe nehmen, gute Fleischteile eventuell abzupfen und wieder in die Suppe werfen. Restliches Suppengemüse, Erbsen, Fleisch- und Grießklöße dazu geben und alles noch einmal aufkochen. Mmmh.

PS: Den Knochen dem Nachbarhund schenken.

PILZ-PASTA-GLÜCK

Dieses urgemütliche Gericht hat André mir gekocht, als wir mit unserem zweiten Sohn aus der Geburtsklinik kamen. Er weiß, wie sehr ich Pilze und karamellisierte Zwiebeln liebe. Ein Freund hatte ihm davon erzählt – und er fand am besten, dass man alles in einem Topf garen kann. Ich durfte mich also mit Baby in unser Bett kuscheln, die Pilze kuschelten mit Sahne, Käse und Pasta im Topf. André holte schnell unseren großen Sohn von Oma und anschließend aßen wir alle zusammen vom Tablett im Bett.

PS: Übrigens bekam keins meiner Kinder während der Stillzeit Bauchweh, wenn ich Zwiebeln gegessen habe.

FÜR 4 PERSONEN

- 400 Gramm Champignons oder selbstgesammelte Pilze • drei kleine rote Zwiebeln • 1 Esslöffel Butter • 1 Esslöffel Zucker • 1 Esslöffel Worcestersoße Soße • 150 Milliliter Rotwein
- 2 Knoblauchzehen • 1 Liter Gemüsebrühe
- 400 Gramm kurze Pasta nach Wahl
- 2 Lorbeerblätter • 1 Becher Sahne
- Pfeffer, Salz • 100 Gramm geriebener Käse • 1 Stängel Petersilie

Die Butter in einem großen Topf schmelzen, gewürfelte Zwiebeln und Zucker hinzufügen und bei mittlerer Hitze leicht karamellisieren lassen. Worcestershire Soße und Rotwein hinzufügen und unter Rühren kurz köcheln lassen. Die Pilze und den zerdrückten Knoblauch hinzufügen und einige Minuten braten, bis sie etwas Farbe angenommen haben. Etwa 800 Milliliter Brühe angießen (Rest aufbewahren), Lorbeerblätter, Salz, Pfeffer und Pasta hinzufügen und etwa sechs Minuten köcheln lassen, dabei immer wieder umrühren. Sahne hinzufügen und so lange weiter köcheln lassen, bis die Flüssigkeit größtenteils eingekocht ist, aber alles noch schön cremig ist. Gegebenenfalls noch mehr Brühe dazugießen. Die Hälfte des Käses unter die Pasta rühren, heiß servieren, mit dem restlichen Käse und zerhackter Petersilie bestreuen.

Tipp: Schmeckt auch vege ohne Huhn wirklich g

Das Rezept stammt von einer erdnu verrückten Freundin, die immer ein paar Dosen Nüsse hinter der Weihnachtsschmuck im Keller ho

Stücke schneiden. (Hähnchenbrustfilet in einer Pfanne mit etwas Öl anbraten. Ebenfalls in kleine Stücke schneiden.) Erdnüsse hacken.

Fertige Nudeln abgießen, Erdnussmischung sofort zu den Nudeln geben und untermengen. Mit Salatgurkenstückchen, Paprika, Erdnüssen und eventuell den Hähnchenbrustfiletstückchen bestreut servieren.

KNUSPER-BROKKOLI-NUDELN

Ein superschnelles und sehr beliebtes Rezept bei meinen Kindern. Ich habe es mal erfunden, weil im Kühlschrank noch drei Bratwürste vom Grillen am Vortag herumlagen. Das Gericht mögen sogar Kinder, die eigentlich kein Gemüse mögen. Wie sagte mein Sohn einmal: „Wenn der Brokkoli so klein ist, ist es eben fast kein Brokkoli."

FÜR 4 PERSONEN

- **400 Gramm kleine Nudeln • 1 Brokkoli**
- **2 frische rohe Bio-Bratwürste (oder Bratwurstreste guter Qualität vom Vortag)**
- **3 - 5 Esslöffel Nudelwasser • 3 Esslöffel Olivenöl, Salz, Pfeffer • 100 Gramm geriebener Parmesan (und mehr zum Drüberreiben)**
- **1 Esslöffel Butter • 1 Schalotte**

Brokkoli waschen, in kleine Röschen zerteilen und auf ein Backblech legen. Mit Olivenöl besprenkeln und mit Salz und Pfeffer würzen. Im Backofen bei 180 Grad Ober- und Unterhitze etwa zehn Minuten rösten. Inzwischen die Nudeln kochen. Schalotte putzen und klein schneiden. Butter in eine Pfanne geben. Bratwurst aus der Pelle in die Pfanne drücken, mit dem Pfannenwender krümelig zerdrücken und kurz anbraten. (Bratwurstreste einfach sehr klein würfeln). Zwiebelwürfel dazugeben, kurz mit anschwitzen. Ein paar Esslöffel Nudelwasser und den geriebenen Parmesan dazugeben. Kurz schmelzen lassen. Nudeln abgießen, sofort in die Pfanne werfen, Knusper-Brokkoli dazugeben und umrühren. Sofort mit reichlich Parmesan servieren.

ERDNUSSBUTTER-PASTA

Das perfekte Blitz-Gericht für kurze Abende nach langen Fußball-Klavier-Reitstunden-Nachmittagen. Na, wer hat, wie wir auch immer einen kleinen Erdnussbuttervorrat im Kühlschrank stehen? Weil man Erdnussbutter ja immer mal gebrauchen kann.

FÜR 3 PERSONEN

- **300 Gramm Spaghetti • 6 gehäufte Esslöffel Crunchy Erdnussbutter • 4 bis 5 Esslöffel Nudelwasser • 2 Esslöffel Sojasoße**
- **3 Esslöffel Sesamöl • ½ Teelöffel Chili-Pulver • 1 kleine Salatgurke • 1 rote Paprika**
- **2 Handvoll gesalzene Erdnüsse**
- **eventuell 1 - 2 Bio-Hähnchenbrustfilet**

Spaghetti nach Packungsanweisung kochen. Erdnussbutter mit warmen Wasser, Sojasoße, Sesamöl, Chili verrühren. Gurke und Paprika waschen und in sehr kleine

PS: Traditionell waren Pelmeni früher in Russland ein Kutscheressen. Die Kutscher steckten sich vor jeder Reise ein paar der Pelmeni in die Tasche – und kochten sie sich bei einer Pause in einem Topf über ihrem Lagerfeuer gar.

PELMENI

Während meines Volontariats arbeitete ich ein paar Monate für die Volksstimme in Stendal. Ich schrieb über geschlossene Arztpraxen, Grundsteinlegungen für neue Turnhallen und achtzigste Geburtstage. Einmal schickte mich der Chefredakteur für eine Reportage zu einem Gemeindenachmittag der Volkssolidarität. Meine Motivation hielt sich in Grenzen. Bis ich dort war und mir vier bezaubernde Russinnen mit rosa Wangen einen Nachmittag lang beibrachten, wie man Pelmeni, die traditionellen russischen Teigtaschen, macht — und mir dabei ihre Geschichten erzählten. Ich brachte eine super Reportage mit und die vier drückten mich so fest zum Abschied, dass ich kaum Luft bekam. Dann drückten sie mir eine riesige Schale Pelmeni in den Arm und sagten: „Musst du ässen, damit du viele, viele Ginderrr grrrriegst!" Sie lachten von einem goldenen Ohrring bis zum anderen: „Viele Pelmeni, viele Ginderrr, viel Gluck — härrrlich!"

FÜR 4 PERSONEN

- 400 Gramm Weizenmehl Typ 405
- 2 Eier
- 2 Esslöffel Öl
- Salz und Pfeffer
- 100 Milliliter Milch
- 1 rote Spitzpaprika
- 1 Zwiebel
- 250 Gramm Bio-Hackfleisch
- etwas Mehl
- 1 Eiweiß
- 80 Gramm Butter
- ein wenig Dill

Mehl, Eier, Öl, einen Teelöffel Salz, je 70 Milliliter Milch und Wasser in eine Schüssel geben. Mit den Knethaken des Handrührers kurz zu einem glatten Teig verkneten. Den Teig mit einem Tuch abdecken und etwa 30 Minuten ruhen lassen.

Paprika waschen, putzen und sehr fein würfeln. Die Zwiebel schälen und wenn möglich raspeln, ansonsten sehr fein schneiden. Mit dem Hackfleisch, Paprika und restlicher Milch verkneten. Salzen und pfeffern. Etwas Mehl auf die Arbeitsfläche streuen und den Teig dünn ausrollen. (etwa 1 bis 2 Millimeter). Mit einem Glas viele kleine Kreise ausstechen. Jeweils einen Klecks Füllung in die Mitte eines Teigkreises setzen, die Teigränder mit Eiweiß bepinseln und die Teigkreise über die Füllung hinweg zu Halbkreisen zusammenklappen. Die Ränder gut andrücken. Dann die beiden Enden etwas zusammendrücken. Die Pelmeni fünf bis sechs Minuten in Salzwasser kochen, danach vorsichtig abgießen. Butter schmelzen und über die Pelmeni geben. Mit Dill bestreuen.

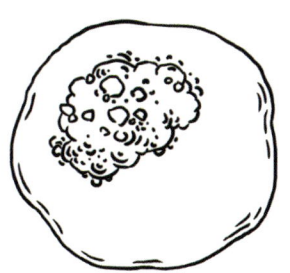  

Pelmeni sind nicht nur ein Abendessen, sie sind ein prima Beschäftigungsprogramm für langweilige Nachmittage von Oktober bis März.

SPAGHETTI MIT FLEISCHKLÖßCHEN

Dieses Gericht gibt es jedes Jahr auf dem Geburtstag einer Freundin meines großen Sohnes. Sie schmeißt immer ein großes Gartenfest mit Nachtwanderung, Lagerfeuer, mehrere Meter breitem Matratzenlager und Bergen von Spaghetti mit Fleischklößchen. Jedes Mal isst mein Sohn mindestens drei Teller voll – und noch eine Portion kalt zum Frühstück. Und wenn er nach Hause kommt, erzählt er jedes Mal, dass er noch nie in seinem Leben etwas so Gutes gegessen habe und dass ich dieses Gericht ab jetzt bitte mindestens einmal in der Woche machen müsse und ich solle das bitte schwören mit Indianer-Ehrenwort.

FÜR 4 PERSONEN

- 500 Gramm gemischtes Bio-Hackfleisch
- 1 Schalotte
- 1 Ei
- 1 gehäufter Esslöffel Quark
- 1 eingeweichtes hartes Brötchen (oder eine Scheibe Toastbrot)
- Orangenschale von einer Bio-Orange
- 2 Prisen Zimt
- Salz, Pfeffer
- Öl zum Braten
- 1 rote Zwiebel
- 1 Esslöffel Zucker
- 2 Knoblauchzehen
- 800 Gramm Dosentomaten
- 1 Lorbeerblatt
- je ein Stängel Thymian und Oregano
- 400 Gramm Spaghetti
- frisch geriebener Parmesan

Für die Fleischklößchen: Schalotte fein hacken, mit Ei, Brötchen, Quark, Zimt, Orangenschale und dem Hackfleisch mischen, kräftig mit Salz und Pfeffer würzen. Etwa walnussgroße Klößchen formen.

Für die Soße: Zwiebel und Knoblauch schälen und klein hacken. Öl erhitzen. Zwiebelwürfel darin mit dem Zucker anschwitzen und leicht karamellisieren lassen. Tomaten, Lorbeer dazugeben und eine halbe Stunde kochen lassen. Mit Salz, Pfeffer, Thymian, Oregano und eventuell noch ein wenig Zucker würzen.

Die Klößchen in einer heißen Pfanne mit Öl braun anbraten, dann in die Soße geben und zehn Minuten köcheln lassen. Spaghetti nach Packungsanweisung kochen, mit Soße, Fleischklößchen und Parmesan servieren.

KÜRBISSUPPE MIT GEBACKENEN KICHERERBSEN

Meine Kinder lieben Kürbis: Im Garten, wenn er sich vom Kompost einmal quer über den Rasen schlängelt. Die bunten in der Kürbisscheune im Nachbardorf. Am liebsten einen riesengroßen mit Gesicht zu Halloween. Nicht besonders gern mögen meine Jungs Kürbis essen – außer in dieser Suppe, die wir mal ganz ähnlich völlig ausgehungert und durchgefroren nach einer Wanderung in einem kleinen Waldrestaurant gegessen haben. Die Suppe hatte also vermutlich einfach ein bisschen Glück.

FÜR 4 PERSONEN

- 400 Gramm Kichererbsen • 1 Esslöffel Paprikapulver • Chiliflocken • 1 gehäufter Teelöffel Ras el Hanout • 5 Esslöffel Olivenöl
- 1 kleiner Hokkaidokürbis • 2 Schalotten
- 1 Liter Gemüsebrühe • 3 Esslöffel Tahini
- 1 Esslöffel Sojasauce
- Salz, Pfeffer • Öl zum Braten

Den Backofen auf 180 Grad Umluft vorheizen. Kürbis entkernen, in Spalten schneiden (siehe Tipp rechts unten) und auf einem Backblech mit Backpapier verteilen. Kichererbsen abtropfen lassen und auf einem zweiten Backblech verteilen. Aus Olivenöl, Salz, Chili, Paprika und Ras al Hanout eine Marinade rühren und über die Kichererbsen geben. Beides 30 Minuten im Backofen backen. Schalotten fein würfeln, in Öl andünsten. Mit Salz, Pfeffer und Chili würzen. Kürbis und die Hälfte der Kichererbsen in einen Topf geben, mit Brühe aufgießen. Sojasoße und Tahini in die Suppe rühren, etwa 15 Minuten bei kleiner Hitze köcheln lassen, mit Salz und Pfeffer abschmecken und pürieren. Ist die Suppe zu fest, noch etwas Brühe dazugeben. Mit den restlichen Kichererbsen servieren.

KÜRBISBROT

Meine Kinder lieben dieses hübsche Brot, obwohl Kürbis drin ist. Am besten ist es lauwarm und mit einem Klecks schmelzender Butter. Das Rezept hat eine Freundin mal ganz ähnlich in einem Backbuch von 1975 entdeckt. Die Idee, es mit Garn in Kürbisform abzubinden, findet man heute aber auch rauf und runter auf Pinterest.

FÜR EINEN GROSSEN LAIB

- 250 Gramm Hokkaido Kürbis
- 125 Milliliter Wasser
- 125 Milliliter Milch • 1 Esslöffel Butter
- 500 Gramm Dinkelmehl Typ 630
- 1 Esslöffel Zucker
- 1 Teelöffel Salz • 1 Würfel frische Hefe

Den Kürbis klein schneiden (siehe Tipp unten), im Wasser kochen, abgießen und den Kürbis pürieren. Die Milch und die Butter unter die Kürbismasse rühren. Dann das Mehl, Zucker, Salz und Hefe unterkneten und den Teig auf ein Backblech mit Backpapier legen und 30 Minuten gehen lassen. Acht Küchenbänder über der Mitte zusammenknoten, sodass eine Kürbisform entsteht. Noch einmal 30 Minuten gehen lassen. In den vorgeheizten Ofen schieben und bei 170 Grad Ober- und Unterhitze etwa 40 - 50 Minuten goldgelb backen.

Kürbis mag ich auch gern in Scheiben im Ofen gebacken und mit Salz und Feta bestreut. Bloß schneiden mag ich den Hokkaido nicht, das geht immer so schwer! Ein Koch gab mir mal den Tipp, den Kürbis im Ganzen vor dem Schneiden für etwa fünf bis zehn Minuten in einem Topf mit Wasser zu kochen und erst dann zu schneiden oder den Kürbis im Ganzen zehn bis zwanzig Minuten je nach Größe bei 160 Grad Ober- und Unterhitze im Backofen backen. Klappt super!

KNUSPER-BRATEN

Ein leckerer Braten, der eine ganze Weile im Ofen vor sich hinschmurgelt und das ganze Haus beduftet, ist eine wunderbare Art, den Sonntag zu zelebrieren und es sich nach einem Spaziergang mit seiner Familie so richtig gemütlich zu machen. Als meine Oma noch lebte, sind wir jeden Sonntag zu ihr gefahren, um mittags gemeinsam zu essen. Oft gab es einen Braten. Und dazu gut gewürzte Geschichten aus der nahen und fernen Verwandtschaft.

FÜR 6 PERSONEN

2 Kilo Bio-Krustenbraten vom Schwein
(gern überall gleich dick. Die Schwarte vom
Metzger sehr oft einschneiden lassen).
2 Zwiebeln
2 Möhren
1 Stück Sellerie (etwa 200 Gramm)
1 Stück Porree (etwa 20 Zentimeter)
750 Milliliter Gemüsebrühe
2 Teelöffel Tomatenmark
1 Lorbeerblatt
1 Stück Ingwer (daumendick)

Öl zum Braten
Pfeffer, Salz, reichlich Majoran,
Korianderpulver, eventuell Kümmel
1 Schuss Rotwein oder Traubensaft
(etwa 100 Milliliter)
2 - 3 Esslöffel Speisestärke

Glasur
1 Esslöffel Ahornsirup
1 Esslöffel Honig
1 Teelöffel Senf

Tipp: Gepökelten Krustenbraten kaufen, wenn es beim Metzger welchen gibt.

Zwei Esslöffel Öl mit Pfeffer, Salz und reichlich Majoran mischen und die Fleischseiten des Bratens rundherum damit einreiben. Den Braten in einer Pfanne in etwas Öl von allen Fleisch-Seiten gut anbraten, bloß nicht die Schwarte. Den Backofen auf 130 Grad Ober- und Unterhitze vorheizen. Möhren, Zwiebeln, Sellerie und Porree in etwa fingerlange Stücke schneiden. Braten aus der Pfanne nehmen und das Gemüse kurz anbraten. Tomatenmark dazugeben und kurz anschwitzen. Mit Wein oder Traubensaft ablöschen und das Lorbeerblatt dazugeben.

Den Braten mit der Schwarte nach unten in den Bräter legen und so viel Brühe angießen, dass die Schwarte gerade bedeckt ist und den Braten auf diese Weise eine Stunde garen. Nach der Stunde den Braten umdrehen, restliche Brühe angießen, Ofentemperatur auf 160 Grad erhöhen und das Röstgemüse zum Braten in die Brühe geben. Eine weitere Stunde garen. Alle Zutaten für die Glasur mischen.
Schweinebraten herausholen, auf ein Blech legen, die Schwarte kräftig mit Glasur bepinseln und am Backofen den Grill einstellen. Etwa zehn Minuten grillen, bis die Kruste hübsch aufplatzt. Den Braten dabei nicht aus den Augen lassen – er verbrennt sehr schnell. Den Braten herausholen und etwa eine Viertelstunde in Backpapier gewickelt ruhen lassen. Das Stück Ingwer schälen und klein schneiden.

Für die Soße den Bratenfond durch ein Sieb in einen Topf gießen. Ingwer und geröstetes Gemüse dazugeben (ich mag gern Sellerie, Porree, Zwiebel und nur wenig Möhre) und mit einem Pürierstab fein pürieren. Fond aufkochen. Zwei Esslöffel Stärke mit ein wenig kaltem Wasser anrühren und in den kochenden Fond einrühren. (Ist die Soße noch nicht sämig genug, mit noch einem Esslöffel Stärke wiederholen.) Temperatur reduzieren und mit zwei Teelöffeln Majoran, einem halben Teelöffel Korianderpulver und eventuell einem halben Teelöffel Kümmel würzen (ich mag Kümmel, meine Männer nicht). Mit Kartoffelbrei und Radieschensalat (beides Seite 150) servieren.

Tipp: Den Braten zum Servieren auf eine hübsche Platte legen und kurz umdrehen, um ihn Scheiben zu schneiden (dann geht die tolle Kruste nicht kaputt).

Tipp: Mit buttrigem Kartoffelbrei servieren. Und an kühlen Frühlings- oder Sommerabenden mit Radieschensalat (Seite 150).

KARTOFFELBREI

Jahrelang haben meine Kinder behauptet, der Kartoffelbrei im Kindergarten schmecke viel besser als meiner. Die Kinder meiner Freundin übrigens auch. Irgendwann haben wir nachgefragt und herausgefunden, dass der riesige Berg Kindergartenbrei tatsächlich liebevoll von Hand durch eine Kartoffelpresse gedrückt wird. Seither habe ich eine. Meine Freundin auch. Und ich denke beim anstrengenden Pressen an die noch viel höheren Kindergarten-Kartoffelberge. Übrigens: Auf die karamellisierten Zwiebeln bestehe ich.

FÜR 6 PERSONEN

- 1,5 Kilo Kartoffeln
- etwa 350 Milliliter Milch
- Salz
- 2 Esslöffel Butter
- frisch geriebene Muskatnuss
- 2 Zwiebeln
- Öl zum Braten
- 1 Esslöffel Zucker

Tipp: Hat mir mal ein Küchenchef geflüstert: Beim Zwiebelschneiden mit einem wirklich scharfen Messer arbeiten und nur schneiden, nicht drücken. Dann muss man viel weniger weinen. Wirklich wahr!

Die Kartoffeln schälen, halbieren und in einem großen Topf Salzwasser weich kochen. Milch erwärmen. Kartoffeln in ein Sieb abgießen und die Kartoffeln durch die Kartoffelpresse zurück in den Topf drücken. Warme Milch, Butter, Salz und Muskatnuss dazugeben und servieren. Zwiebeln in Ringe schneiden, in Öl anschwitzen und mit dem Zucker leicht karamellisieren lassen. Über das Püree geben.

RADIESCHENSALAT

Knusperbraten passt auch in den Vorfrühling oder den Spätsommer, dann gern mit diesem erfrischenden Radieschensalat mit Schnittlauch. Das Rezept stammt von einer lieben Freundin meiner Oma. Die hatte jedes Mal, wenn ich sie besucht habe, vorn einen Lockenwickler im Haar und hinten im Garten ein riesiges Radieschenbeet — für sich und ihre vielen Kaninchen.

FÜR 4 PERSONEN

- 3 Bund Radieschen
- 2 Esslöffel Crème fraîche
- 2 Esslöffel Joghurt
- 1 Esslöffel Olivenöl
- Salz, Pfeffer
- 1 halbes Bund Schnittlauch

Radieschen putzen und in Scheiben schneiden. Crème fraîche, Joghurt, Olivenöl, Salz und Pfeffer verrühren und zu den Radieschen geben. Gut umrühren. Schnittlauch hacken und darüber werfen.

CHARLOTTES KLOPSE

Meine Schwiegermutter ist eine wunderbare Köchin und lädt meine Kinder nur zu gern zu sich zum Essen ein. Sie fragt jedes Mal kurz per Telefon im Flüsterton bei mir nach, ob die Kinder danach vielleicht ausnahmsweise einen Nachtisch dürfen. Das finde ich ganz besonders lieb. Nach jedem Besuch bei Oma kommen meine Jungs glücklich wieder rüber – und zwar besonders breit grinsend, wenn es Charlottes berühmte Klopse gab.

FÜR 4 PERSONEN

- 500 Gramm gemischtes Bio-Hack
- 1 eingeweichtes hartes Brötchen
- 1 Ei
- Salz
- 1 Teelöffel Senf
- weißer Pfeffer
- Schale von einer Bio-Zitrone
- 1,5 Liter Gemüsebrühe
- 1 Glas Kapern (100 Gramm)
- 1 Becher Sahne
- 2 - 3 Esslöffel Stärke
- Saft von einer Bio-Zitrone
- Dazu: Salzkartoffeln

Hack mit Brötchen, Ei, Salz, Senf, Pfeffer und Zitronenschale mischen. Mandarinengroße Klöße formen und in der heißen Brühe zwanzig Minuten gar ziehen lassen. Klöße herausfischen, Hackreste entfernen. Brühe durch ein Sieb gießen, einen Liter abmessen und wieder in den Topf füllen. Sahne hinzugeben. Stärke mit ein wenig Wasser anrühren, in die Soße gießen, noch einmal aufkochen und andicken lassen. Mit Salz, Zitronensaft und Kapernwasser würzen. Die Kapern und die Klöße in die Soße geben. Fertig!

GNOCCHI MIT KARAMELLISIERTEN TOMATEN

Das mit den eigenen Gartentomaten und mir, das läuft noch nicht ganz rund. Ein Jahr waren kaum welche dran, ein Jahr waren sie wegen des vielen Regens braun und dieses Jahr wurden sie nicht wirklich rot – fürs nächste Jahr plane ich auf jeden Fall ein Dach für meine kleinen Tomatenziegen. Eigentlich habe ich dieses ganze Gärtnerding nämlich bloß wegen der Tomaten angefangen. Weil die aus dem eigenen Garten noch so viel leckerer schmecken, als die besten Bio-Tomaten vom Markt. Die paar Tomaten die wir bis jetzt ernten konnten, wanderten direkt auf eine Scheibe Brot mit Butter. So gut. Und ein paar andere – leicht karamellisiert – in diese köstliche Sugo.

FÜR 2 PERSONEN

- 600 Gramm Gnocchi aus dem Kühlregal
- Öl zum Braten
- 250 Gramm Cocktail Tomaten
- 2 Esslöffel Zucker
- 1 rote Zwiebel
- 2 Esslöffel Tomatenmark
- 3 Esslöffel Schlagsahne
- Salz
- geriebener Käse (zum Beispiel Parmesan oder Emmentaler)

Gnocchi nach Packungsanweisung wenige Minuten kochen. Cocktailtomaten waschen und halbieren. Die Zwiebel fein würfeln und im heißen Öl in einer Pfanne glasig dünsten. Zucker dazugeben und kurz karamelisieren lassen. Die halbierten Cocktailtomaten mit der Schnittfläche nach unten in die heiße Pfanne geben, Tomatenmark, zwei Esslöffel Gnocchiwasser und Schlagsahne dazugeben und mit Salz abschmecken. Die Gnocchi abgießen und in die Soße geben, kurz umrühren und mit geriebenem Käse servieren.

ERBSEN RISOTTO

Ich weiß auch nicht warum, aber Erbsen haben etwas Märchenhaftes. Meine Jungs inspirieren sie zumindest. Vielleicht liegt es an der Geschichte von der „Prinzessin auf der Erbse", die mein Vierjähriger seinem kleinen Bruder jedes Mal beim Erbsenessen erzählt: „Und dann hat die klitzekleine Erbse die Frau richtig, richtig doll in den Po gepikst, weißt du Bo." Dabei zeigt er mit zwei Fingern eine Erbse höchstens in Stecknadelkopfgröße und lacht sich kringelig. Erbsen sind hier auch manchmal grüne Perlen oder die Kanonen aus einem Ninjakrieg im Garten. Auf jeden Fall werden sie sehr, sehr gern gegessen. Und noch lieber vorher selbst püriert.

FÜR 2 PERSONEN
- **250 Gramm Erbsen (frisch oder TK)**
- **1 Knoblauchzehe**
- **2 Schalotten**
- **1 Stängel Minze**
- **1 Stängel Basilikum**
- **1 Liter Gemüsebrühe**
- **Öl zum Braten**
- **250 Gramm Risotto Reis**
- **1 Esslöffel Ricotta**
- **abgeriebene Schale und Saft von einer Bio-Zitrone**

Tiefgekühlte Erbsen mit kochendem Wasser aus dem Wasserkocher übergießen und kurz stehen lassen. Knoblauch schälen und zerdrücken. Kräuter waschen und zu den Erbsen zupfen, Zitronensaft und zwei Esslöffel Wasser dazugeben. Mit dem Pürierstab fein pürieren. Die Zwiebel in kleine Würfel schneiden. Das Öl in einen Topf geben und erhitzen. Die Zwiebelwürfel und den Risotto Reis darin kurz anschwitzen. Brühe angießen und den Reis immer wieder umrühren. Sobald er trocken wird, mehr Brühe angießen und weiter rühren. Ist der Reis weich (aber innen noch ein bisschen bissfest), das Erbsenpüree und den Ricotta vorsichtig darunter rühren. Kurz erhitzen. Mit Salz, Pfeffer, abgeriebener Zitronenschale und gern noch mehr Kräutern servieren.

PS: Die Kinder mögen die selbst gemachten Fischstäbchen aus dem Fischburger von Seite 65 dazu. Auch lecker sind ein paar gebratene Garnelen obendrauf.

DIY

FAMILIENTISCHDECKE

Eine Tischdecke mit einem hübschen Blattkranz für jedes Familienmitglied. Noch hübscher: Wer ganz genau hinschaut, entdeckt die kleinen aufgenähten Blattbriefkästen, in die man heimlich eine kleine Botschaft für die Liebsten am Tisch stecken kann.

Ein Stück Stoff (gewaschen und umsäumt) oder eine fertige Tischdecke, Stoffmalfarben, getrocknete Blätter, Pinsel, Nähgarn, Nähmaschine, grüne Stoffreste, Bleistift, Stoffschere

Mit jeweils einem Blatt als Schablone und dem Bleistift die Blätter vorzeichnen. Dabei mit einem Teller ausprobieren, wo der Kranz am besten aussieht, am besten auch schon auf dem Tisch, auf dem die Decke später liegen soll. Alle Blätter mit Stoffmalfarben ausmalen. Je nach Farbe eventuell überbügeln. Jeweils ein Blatt pro Kranz mit Nahtzugabe auf den Stoff vorzeichnen und ausschneiden. Die Stoff-Blätter vorsichtig umsäumen und jeweils eins als Briefkasten in jeden Kranz nähen. Dabei einen Schlitz für die kleinen Briefe offen lassen.

MEINE REZEPTE

WENN FREUNDE KOMMEN

Ich liebe die Küchenparty vor der Party.
Wenn es laut brutzelt und zischt
und der Backofen piepst und der Nachtisch
im Kühlschrank wartet und ich zu
französischen Chansons mit der Hüfte wackele.

Von lässigen Gastgebern und Kindern mit kleinen Rädchen

Bevor André und ich Kinder hatten, telefonierten wir oft erst Freitagnachmittag herum, um abzumachen, welche Freunde wir Freitagabend treffen würden. Irgendwie hatten alle immer Zeit. Wenn unsere Freunde schon verabredet waren, sagten sie: „Kommt doch einfach mit!" Essen spielte bei diesen Treffen selten eine Rolle (außer vielleicht in Form einer Mitternachtspizza auf dem Kiez). Heute haben wir und fast alle unsere Freunde Kinder – außerdem knackvolle Kalender. Um uns zu sehen, planen wir lange im Voraus und schreiben es mit Fineliner in unseren großen Familienkalender im Flur. Das ist auch schön. Weil man sich so viel länger vorfreuen kann. Und weil man sich inzwischen auch aufs Essen und Essen kochen freuen kann.

Für mich beginnt das Wochenende ein bisschen schon am Donnerstagabend, wenn ich mich an die Detailplanung für unser Wochenendessen mache und mir überlege, welche frischen Zutaten ich noch brauche. Egal ob wir Freitagabend Besuch bekommen oder Couchpicknick machen – es gibt auf jeden Fall etwas Leckeres zu essen. Am Samstag und Sonntag sowieso. Oft auch selbst gebackenen Kuchen. Und Nachtisch. Ich liebe es, an Freitagvormittagen auf den Markt zu fahren und ganz in Ruhe fürs Wochenende einzukaufen. Beim Piaggio Ape, dem italienischen Café-Auto mit den drei Rädern, einen Espresso zu trinken und hinterher in der Schlange für den knackigsten Salat eine Freundin zu treffen. Und manchmal noch einen Kaffee gemeinsam zu trinken.

Wenn ich es freitags wegen der Arbeit nicht zum Markt schaffe, erledige ich den Einkauf Freitagmittag, eine Stunde, bevor ich alle Kinder einsammle. Danach beginnt dann wirklich das Wochenende. Egal was noch kommt, es fühlt sich ab da irgendwie leichter an. Auch die Kinder sind freitags besonders gut drauf. Bei uns gibt es nämlich einige schöne Dinge bloß an den Wochenenden: Fernsehen zum Beispiel, Nuss-Nugat-Creme oder Süßigkeiten auf der Couch. Mich entspannt es total, zwei Tage mal viel weniger oft Nein sagen zu müssen. Tollerweise fragen die Kinder während der Woche inzwischen gar nicht mehr nach diesen Dingen. Sie fragen bloß: Wann ist wieder Wochenende? Und das frage ich mich ja auch oft.

Was mich noch mehr freut: Meine Kinder fragen bereits Donnerstagabend, wer am Wochenende kommt und was es zu essen geben wird. Oder wo wir zum Essen hingehen. Es macht mich glücklich, dass sie bereits das warme Gefühl im Bauch kennen, das die Aussicht auf gute Freunde und ein gutes Essen macht. Sie fangen sogar schon an mit mir zu planen.

Wenn ich laut denke und sage: „Bohnen wären gut dazu ...", sagt einer von ihnen: „Aber Onkel Jo mag doch gar keine Bohnen."

Viele unserer Lieblingsessen tragen einen Namen in sich, weil es Rezepte von Freunden und Familienangehörigen sind. „Weißt du noch, Moiras Coq au Weißwein, das wir gegessen haben, als wir in ihrem Garten die große Regenwurmfarm hatten?", erinnern sie sich. Und sind beinahe beleidigt, wenn es bei Moira beim nächsten Mal nicht Coq au Weißwein (Seite 168) gibt. Sie erinnern sich mit Begeisterung an die tomatenroten Lippen und Hände und Stühle und Tische nach dem traditionellen Rippchen-Essen bei Onkel Jo (Seite 174). Und genau wie ich freuen sie sich jedes Jahr ab spätestens April auf die gemeinsam zubereitete Probegans kurz vor Weihnachten bei unseren Freunden, die beinahe noch besser schmeckt als die an Heiligabend (Seite 198).

Der einzige Nachteil bei all der Vorfreude ist, dass meine Jungs an Wochenendmorgenden ab sieben fragen, wann denn endlich Abend sei. Ich schaffe es zwar meist, sie mit ein paar Bastelaufgaben in Sachen Dekoration abzulenken (Seite 92 und 244), aber spätestens wenn sie mit einem Strauß Wiesenblumen vom Deich oder einem Armvoll Äste aus dem Wald zurückkommen, läuft die Dauerfrageschleife wieder an: „Und wann kommt jetzt endlich der Besuch?"

Ich finde die Kocherei am Wochenende übrigens in den allermeisten Fällen überhaupt nicht stressig. Als Erstes räume ich samstags morgens nach dem Frühstück kurz die Küche auf, die liegt nämlich meist in rumpeliger Wochenendlässigkeit da. Das ist ein Tick von mir, ich kann nicht loskochen, wenn die Küchenecke nicht ordentlich ist. Dabei bin ich sonst kein bisschen ordentlich. Meist bereite ich morgens kurz in Ruhe etwas vor, dann noch mal nachmittags. André kümmert sich um Getränke, Grill und grobe Restordnung. Gegen Abend, kurz bevor die Gäste kommen, werde ich kurz zum hektischen Wirbelwind, das kennen meine Männer schon. Zwischendurch bleibt also noch viel Zeit für andere Dinge. Bei einer Tasse Kaffee auf die Frage: „Wann kommt endlich der Besuch?" ein aufmunterndes „Baaald!" antworten zum Beispiel.

Wie ich es schaffe, die meiste Zeit über entspannt zu bleiben? Ich habe tatsächlich geübt, mich zu trauen, eine lässige Gastgeberin zu sein. Ich erinnere mich an ein Gespräch mit meiner Schwiegermutter, als ich erst zwei Kinder hatte und unser Wohnzimmerboden nachmittags komplett bedeckt von Spielzeug war und das Sofa voll mit Wäsche lag. Ich hatte noch irre viel zu tun, mochte die Verabredung mit einer Freundin aber nicht absagen. Wir saßen also zwischen Spielzeugchaos und Wäschehaufen, tranken Kaffee und klönten und hatten eine gute Zeit, als meine Schwiegermutter herüber kam, um sich ein Ei zu leihen. Ich bemerkte, dass sie sich erst erschrocken umsah. Dann lächelte sie. Später, als die Freundin weg war, sagte sie zu mir: „Ich finde es bewundernswert, wie du das machst. Ich wollte früher immer alles erst fertigmachen, den Boden, die Wäsche, den ganzen Haushalt – und erst danach Freunde einladen. Das Problem ist bloß: Es ist ja nie fertig. Was habe ich bloß für viele schöne Verabredungen verpasst ...!"

Ich mache mir samstags also oft nicht den Stress, noch mal schnell zu saugen, bevor der Besuch kommt. Sondern denke daran, dass der Boden ohnehin nach fünf Minuten wieder aussieht wie vorher, wenn sechs Erwachsene und neun Kinder drüber gelaufen sind. Ich sauge also lieber sonntags in Ruhe.

Beim Kochen mache ich es mir so nett wie möglich. Ich höre Musik, gern französische Chansons in Endlosschleife, die bringen mich in Gastgeberlaune. Ich mache mir ein Getränk, eine Schorle vielleicht, mit einer Menge Eiswürfel im Glas, weil das Klirren wie ein Drink klingt und sich nach Feierabend anfühlt. Ich schäle Kartoffeln, hacke Kräuter, trinke einen Schluck, wackele ein paar Mal mit den Hüften im Takt. Ich brate an, es zischt, es brutzelt und das Haus duftet nach Wochenende. Ich liebe den Moment, wenn der Nachtisch fertig ist (Erdbeertiramisu, Seite 236) und zum Warten in den Kühlschrank wandert und ich mich jedes Mal auf ihn freue, wenn ich die Kühlschranktür aufmache, um ein Ei oder geriebenen Käse herauszuholen. Die Jungs beginnen ab diesem Moment zu fragen: „Wann kommt endlich der Besuch und wir essen den Nachtisch?"

Oh ja, manchmal habe ich das Gefühl, die Kinder drehen gegenseitig ihre Vorfreude an kleinen Seitenrädchen auf, wie bei diesen Plastiktieren, die über den Boden wackeln, rennen und Saltos machen. Kurz bevor der Besuch kommt, knallt es daher meist noch mal kurz, weil ein Fußball über den dampfenden Kartoffeltopf fliegt oder sie um mich und das Gemüsemesser herum fangen spielen oder ich gerade ein Baum bin, auf den zwei Äffchen klettern. Manchmal frage ich zwecks Ablenkung in diesen Moment danach, welchen Film sie am Abend gern gucken würden, um ein wenig Ruhe zu haben, das bremst die Toberei, wirft aber eine neue Dauerschleife an: „Wann kommt endlich der Besuch und wir essen den Nachtisch und gucken einen Film?"

Irgendwann ist der Besuch da und natürlich sind alle Besucherkinder ebenfalls aufgezogen und wackeln und rennen durch unsere Küche. Es wird begrüßt und umarmt, gebrüllt, getobt und ein bisschen gemeckert. In den Töpfen blubbert's und der Backofen piept und irgendwann sitzen wir alle am Tisch und essen und reichen Schüsseln und stoßen an und wischen auf und motzen und lachen. Manchmal stehe ich auf und mache ein Foto – mit ein bisschen Abstand ist der Tischtrubel erst so richtig gemütlich.

Manchmal lassen wir Erwachsenen die Kinder auch vorab essen, alle neun bis zwölf, an einer langen Tafel, mit vier oder sechs Elternhänden drumherum, die in Dauerschleife Soße und Apfelschorle und Küchentücher reichen. Dann habe ich Zeit, die Vorspeise anzurichten, während André allen schon mal einen Aperitif eingießt.

Nach dem Essen beginnt dann meist das Kinderkino und es wird plötzlich ganz leise. Es gibt unzählige Fotos auf unseren Handys und auf den Handys unserer Freunde, die eine ganze Sofalänge Kinder zeigen, mit vor Spannung weit geöffneten Mündern und Augen – und einer großen Schale mit Popcorn in der Mitte. Und wir Eltern? Wir stoßen drüben am Esstisch in Ruhe an, auf uns, unsere Kinder, das gute Essen – und den wunderbaren Menschen, der den Film erfunden hat. ////

PS: Schöne Kinderfilme für Kindergruppen mit bunt gemischtem Alter sind: Peter Pan (das Original von 1953), Mary Poppins (von 1964), Findet Nemo (2003), Das Dschungelbuch (von 1967), Hände weg von Mississippi (2007), Schneewittchen und die sieben Zwerge (von 1937), Die kleine Hexe (2018), Michel in der Suppenschüssel (von 1971), Ice Age (2002), Drei Haselnüsse für Aschenbrödel (1973), Ein Schweinchen namens Babe (1995), Happy Feet (2006) und Pettersson und Findus – Findus zieht um (2019).

MOIRAS COQ AU WEIßWEIN

Moira ist eine Freundin, die bis über beide Ohren ins Kochen verliebt ist. Und wi[r] alle in ihr Essen. Sie arbeitet eigentlich als Lehrerin, hat sich aber vor ihren Kinder[n] sogar mal als Koch-Nachhilfelehrerin selbstständig gemacht. Moira weiß einfach al[les] über gutes Essen und wenn nicht, dann kocht sie ein Gericht dreißig Mal, um e[s] herauszufinden. Sie plant ihre Menüs mit Liebe und Excel-Tabelle und ist eine vo[n] diesen Gastgeberinnen, die es schaffen, dass eine schlichte Tischdecke, ein paar Telle[r] und Kerzen irgendwie besonders aussehen. Sie kocht das beste Coq au Weißwein de[r] Welt. Und das, ohne dass man hinterher auch nur einen Klecks in ihrer Küche sieht[.]

FÜR 6 PERSONEN

- 6 große, fleischige Bio-Hähnchenkeulen
- 100 Gramm Butter
- 4 Schalotten
- 150 Gramm Champignons
- Salz, Pfeffer
- ½ Liter guter Riesling
- ½ Liter Gemüsebrühe
- 1 Stange Porree
- 2 Möhren
- je 1 Stängel Thymian und Petersilie
- 1 große Zwiebel
- 1 Lorbeerblatt
- 5 Nelken
- 5 Piment
- 1 – 2 Esslöffel Mehl
- 200 Milliliter Sahne
- Saft von ½ Zitrone
- dazu: frische Tagliatelle, Brot oder Reis

Schalotten schälen und in kleine Würfel schneiden. Pilze waschen, trocken schütteln und in feine Scheiben schne[i]den. Porree schälen und in große Stücke schneiden. Die Hähnchenkeulen in der Hälfte der Butter in zwei gro[ßen Töpfen rundherum goldgelb anbraten. Danach aus den Töpfen nehmen. Die Schalottenwürfel, Möhren un[d] Champignons in einem der Töpfe mit einem Klecks Butter anschwitzen. Mit Riesling und Brühe ablöschen un[d] in zwei große Töpfe verteilen, jeweils drei Keulen hineinlegen.

Mit Brühe auffüllen. Die große Zwiebel schälen, vierteln und mit den Nelken, Lorbeer, Piment, Porreestücke[n] und den Thymianstängeln zum Fleisch geben. 30 bis 40 Minuten leise köcheln lassen. Fleisch, Porree und Pilz[e] entfernen. Soße durch ein Sieb gießen und wieder in den Topf füllen. Fünf Minuten bei großer Hitze mit geöff[f]netem Deckel einkochen lassen. Mehl mit ein wenig kaltem Wasser in einer Tasse anrühren, in die Soße rühre[n.] Je nach Geschmack mit einem weiteren Löffel Mehl mehr binden. Sahne dazugeben. Mit Zitronensaft, Salz un[d] Pfeffer abschmecken. Fleisch, Möhren und Pilze wieder in die Soße geben.

Tipp: Beim Kochen sollten alle Hähnchenkeulen in der Soße liegen. Bei großen Portionen funktioniert das bei mir nicht in einem Topf. Falls noch mehr Besuch kommt, passen gut je vier Keulen in einen Topf. Zum Servieren fülle ich dann meist alles wieder in einen Topf. Ich liebe es, wenn schwere, schwarze Töpfe auf dem Tisch stehen.

OMA WILMAS REHBRATEN

Früher, in den Ferien bei meiner Oma, haben wir Kinder immer zwischen den geschossenen Rehen in der Scheune verstecken gespielt. Die Rehe hingen dort ab und ein paar Tage später gab es einen köstlichen Braten — das alles war für uns das Natürlichste auf der Welt. Bis heute liebe ich Wildfleisch und koche es im Herbst mindestens einmal. Es ist gesund, immer Bio und erinnert mich an ofenwarme Abende am Eichentisch in der dunklen Bauernhofküche meiner Oma.

FÜR 6 PERSONEN

- 2 Kilo Rehrücken
- Wildgewürz
- Salz, Pfeffer
- 4 Esslöffel Butter
- Öl zum Braten
- 2 Zwiebeln
- 1 Bund Suppengrün
- 2 Lorbeerblätter
- 1 Zweig Rosmarin
- 10 Wacholderbeeren
- 1 Esslöffel Preiselbeeren
- 1,5 Liter Gemüsebrühe
- 200 Milliliter Rotwein
- 200 Milliliter Wildfond
- 250 Gramm Pilze (Champignons, Pfifferlinge oder selbstgesammelte Maronen)
- ½ Becher Saure Sahne
- eventuell einen Esslöffel Stärke oder Mehl
- dazu: Kartoffeln, Rotkohl (Seite 198) und Preiselbeeren

Das Fleisch kräftig mit Wildgewürz und Salz und Pfeffer einreiben und in zwei Esslöffeln Butter und etwas Öl rundherum anbraten. Das Suppengrün und die Zwiebeln putzen und klein schneiden. Braten aus der Pfanne nehmen und das Gemüse und die Zwiebel kurz anrösten, mit Rotwein ablöschen. Wacholderbeeren im Mörser zerstoßen. Braten und Gemüse mit Rosmarin, Lorbeer, Wacholder, Zwiebeln, Preiselbeeren, Brühe und Wildfond in einen großen Bräter mit Deckel geben. Im Backofen bei 150 Grad Ober- und Unterhitze etwa zwei bis zweieinhalb Stunden mit geschlossenem Deckel garen, nach der Hälfte der Zeit den Braten einmal umdrehen. Pilze putzen und eventuell klein schneiden, in der restlichen Butter anbraten.

Wenn das Fleisch gar ist (Bratdauer variiert je nach Fleischgröße und Backofen), den Braten vorsichtig aus der Soße nehmen. Ich steche mit einem dünnen Metallspieß einmal in den Braten, wenn kein rosa Fleischsaft mehr herausläuft, ist der Braten gar. Braten mit Backpapier abdecken und ruhen lassen. Einen Liter Bratenflüssigkeit abmessen, ein bisschen Gemüse darin pürieren, Saure Sahne einrühren. Die Soße eventuell mit einem Löffel Mehl oder Stärke, in kaltem Wasser angerührt, binden. Salzen und mit Wildgewürz abschmecken. Pilze in die Soße geben und servieren.

UNSERE LIEBLINGSPLAYLIST,
WENN FREUNDE DA SIND:

- Marvin Gaye – Got to give it up
- Feist – One evening
- Jason Mraz – Lucky
- Michael Bublé – Home
- Duke Ellington – My Little brown book
- Eric Church – Drink in my hand
- Sam Cooke – You send me
- The Avett Brothers – No hard feeling
- Paul Simon – Late in the evening
- The Beach Boys – Wild honey
- Jason Mraz – I'm yours
- Neil Young – Harvest moon
- Norah Jones – Come away with me
- Fink – Blueberry pancakes
- Mickey Rooney – Life's a happy song

ONKEL JOS RIPPCHEN

Mir gefällt der Gedanke, nicht nur die Filetstücke eines Tieres zu verspeisen, sondern natürlich auch andere Teile, zum Beispiel das Rippchenfleisch. Onkel Jos Rippchen sind die Allerbesten und er isst sie zum Glück selbst so gern, dass er kein bisschen beleidigt ist, wenn wir vor jedem Besuch bei ihm betteln, dass es bitte, bitte wieder Rippchen geben soll. Alle Kinder lieben sie ebenfalls — das Abknabbern und die Soßensauerei natürlich noch viel mehr. Ach ja, Onkel Jo ist außerdem Whiskey-Fan und empfiehlt für dieses Gericht ausdrücklich einen Islay, also einen rauchigen Scotch.

FÜR 6 HUNGRIGE PERSONEN

- 3 Knoblauchzehen • 2 Teelöffel Chilipulver
- 3 Esslöffel brauner Zucker • 3 Teelöffel Meersalz • 3,7 Kilo Sparerips (die Haut vom Fleischer abziehen lassen und in Stücke mit 3 bis 4 Knochen teilen lassen) • Backpapier • Alufolie

Für die Soße: Saft von 4 Orangen • 2 Esslöffel Honig • 2 Esslöffel brauner Zucker • 2 Teelöffel Chilipulver • 500 Gramm Tomatenketchup • 6 Esslöffel Worcestersoße • 2 Esslöffel Balsamico-Essig • 6 Esslöffel Whiskey (zum Beispiel Islay)

Am Vortag den Knoblauch schälen und zerdrücken. Knoblauch, Chilipulver, Zucker und Meersalz mischen. Das Fleisch kräftig mit der Würzmischung einmassieren. Zugedeckt über Nacht stehen lassen.
Am nächsten Tag den Ofen auf 150 Grad Umluft vorheizen. Jeweils zwei bis drei Fleischstücke erst in in Backpapier und dann in Alufolie einwickeln und alle im Ofen etwa zwei Stunden garen. Für die Soße Orangensaft, Honig, Chilipulver, Ketchup, Worcestersoße, Essig und Whiskey aufkochen und unter ständigem Rühren zehn Minuten einkochen. Rippchen nach den zwei Stunden aus Backpapier und Folie nehmen, auf ein bis zwei mit Backpapier ausgelegte Backbleche legen und mit der Soße bepinseln. Im Backofen weitere eineinhalb bis zwei Stunden braten, bis das Fleisch ganz weich ist und fast vom Knochen fällt. Zwischendurch immer mal mit der Soße bepinseln.

QUESADILLAS UND GUACAMOLE

FÜR 6 PERSONEN

- 4 reife Avocado • 1 kleine Knoblauchzehe
- 2 Esslöffel Limettensaft • Chilipulver
- Salz, Pfeffer • 1 Schalotte
- 8 große Weizenmehl Tortillas • Öl zum Braten
- 400 Gramm geriebenen Cheddarkäse

Für die Quesadillas jeweils einen Esslöffel Öl in einer Pfanne erhitzen und einen Weizenfladen hineinlegen. Zwei Hände voll geriebenem Käse darüber streuen, mit einem zweiten Fladen belegen und etwa zwei Minuten goldbraun backen. Wenden und noch einmal zwei Minuten backen. Warm stellen und drei weitere Quesadillas backen. Jeweils wie eine Pizza in acht Stücke schneiden.
Für die Guacamole die Avocados schälen, entkernen und in Streifen schneiden, Knoblauch dazupressen, Zwiebel klein schneiden und dazugeben. Limettensaft dazugießen und mit dem Stabmixer pürieren. Mit Chilipulver, Salz und Pfeffer abschmecken. Rippchen mit Guacamole und Quesadilla-Stücken servieren.

PIZZA PARTY

Wenn wir Freitagabend keinen Besuch bekommen, machen wir uns einen Couch-Kino-Abend. Dann gucken wir alle gemeinsam einen Film und essen ausnahmsweise auf dem Sofa (Fettflecken auf Fettfleckenschutzdecke inklusive). Meinen Teig mache ich seit Jahren gleich. Mein Standard-Lieblingsbelag: Tomatensoße, Sardellen, Oliven, Käse. Standard-Lieblings-Belag der Jungs: Mais, Kochschinken, Tupfen von Crème fraîche, Käse. An Wochenenden, wenn Freunde zum Essen kommen, servieren wir ebenfalls gern Pizza, am liebsten draußen, bei gutem Wetter auf der Steinplatte unseres Grills gebacken. Perfekt für den Spätsommer, wenn alle schon ein wenig genug haben von Steaks und Knoblauchbroten und Kartoffelsalat. Dann dürfen die Pizza-Beläge gern aufregender sein.

BESTER PIZZA-TEIG

Ein Rezept, ursprünglich erfunden von Jamie Oliver, gepimpt von ein paar Freundinnen und mir. Wir alle mögen unsere Pizza am liebsten schön dünn und zum Rand hin knusprig, obendrauf aber keinesfalls trocken. Ich benutze Mehl der Type 550, weil es Wasser deutlich langsamer aufnimmt als das klassische vom Typ 405 und der Teig damit stabiler wird. Das Dinkelmehl sorgt für einen herzhaften Geschmack und der Grieß macht's kross. Jamie und wir Mädels sind ein spitzen Team.

REICHT FÜR 7 KLEINE PIZZEN

- 200 Gramm Weizenmehl Typ 550 • 200 Gramm Dinkelmehl Typ 630
- 100 Gramm Hartweizengrieß • 1 Teelöffel Salz • 1 Esslöffel Olivenöl • 1 Würfel frische Hefe
- 1 Esslöffel Zucker • 320 Milliliter lauwarmes Wasser

Mehl und Grieß mischen. Hefe mit Zucker in das lauwarme Wasser einrühren. Zehn Minuten stehen lassen. Hefemischung in Mehlmischung gießen und verkneten, Olivenöl einfließen lassen. Zum Schluss Salz einkneten. Teig ein bis zwei Stunden gehen lassen. Mit der Tomatensoße bestreichen und nach Belieben belegen. Wenn ich die Pizza im Backofen backe, heize ich den Backofen auf höchster Stufe vor und schalte ihn auf 200 Grad Ober- und Unterhitze runter, wenn ich die Pizza hineinschiebe. Die backt, bis der Käse zerlaufen ist.

TOMATENSOSSE

- 1 kleine Dose Tomaten á 400 Gramm (mit dem Pürierstab kurz püriert) • 1 Zwiebel
- 1 Esslöffel Zucker • je 1 Stängel Thymian, Basilikum und Rosmarin • Öl zum Braten • Salz

Die Zwiebel schälen und in kleine Würfel schneiden. Öl in eine Pfanne geben und die Zwiebeln darin anschwitzen. Pürierte Tomaten dazugießen, fünf Minuten köcheln lassen. Zucker dazugeben und Kräuter hineinzupfen. Nach Belieben salzen.

MIT AUBERGINE UND GRANATAPFEL

Knusprige Aubergine mit Raucharoma, dazu milde Currysauce und knackig kühle Granatapfelkerne: Diese Pizza habe ich ganz ähnlich mal in einem italienisch-vegetarischen Kochkurs kennengelernt. Und sie zuhause sofort nachgebacken, damit ich sie bloß nicht vergesse. André ist kein großer Auberginenfan — aber so mag er sie auch…

BELAG FÜR 4 PIZZEN

- **2 Auberginen • 4 Esslöffel gehackte Pistazien • ½ Granatapfel • 2 Stängel frische Petersilie**
- **Olivenöl • 1 Becher Crème fraîche • 1 Esslöffel Mandelmus • 2 Teelöffel Currypulver**
- **1 Esslöffel Limettensaft • 1 kleine Knoblauchzehe**

Auberginen waschen, den Stiel ab- und die Aubergine in Scheiben schneiden. Scheiben auf ein Backblech legen, mit Olivenöl besprenkeln und mit Salz und Pfeffer betreuen. Im Backofen auf mittlerer Schiene bei 200 Grad Ober- und Unterhitze 10 - 15 Minuten backen.
Crème fraîche, Mandelmus, Salz, Pfeffer, Currypulver und Limettensaft verrühren. Knoblauch dazu pressen. Granatapfel aufschneiden und die Kerne herauslösen. Etwas Creme auf den Pizzaboden streichen, mit Auberginenscheiben belegen, und noch etwas Currycreme darüber klecksen. Backen. Vor dem Servieren Granatapfelkerne, gehackte Petersilie und Pistazien auf die Pizza streuen. Im Ofen bei 225 Grad Ober- und Unterhitze etwa 12–15 Minuten backen, bis der Rand goldgelb ist.

MIT LACHS UND DILL

Eine Pizza, die nach Ferien auf einer schwedischen Schäreninsel schmeckt. Wir waren tatsächlich mal dort, zwei Nächte in einem rostroten Haus, in das es reingeregnet hat. Weit und breit gab es dort leider keine Lachspizza. Gegessen habe ich diese Pizza aber mal vor Ewigkeiten während einer Pressereise in Berlin. Ich hatte damals noch hummerfarbene Fingernägel und konnte mir diese während der Fahrt im Taxi zum Event lackieren. Wir Journalisten aßen an langen Tischen bei einem angesagten Hinterhof-Italiener zwischen graffiti-besprühten Häuserfassaden — aber im Mund war ich am Meer.

BELAG FÜR 4 PIZZEN

- **150 Gramm Mozzarella • 100 Gramm Schmand • 1 Esslöffel Meerrettich • 150 Gramm geräucherter Lachs in Scheiben • ½ Glas Kapern • 2 Esslöffel Olivenöl • Salz und Pfeffer • Schale einer Bio-Zitrone**
- **ein Bund frischer Dill**

Pizzateig dünn ausrollen. Schmand und Meerrettich verrühren, mit Salz und Pfeffer abschmecken und auf dem Teig verteilen. Im vorgeheizten Ofen auf 225 Grad etwa 9 – 12 Minuten backen. Lachs darauf verteilen. Mozzarella, Kapern und etwas gehackten Dill darüber geben. Mit Olivenöl und ein paar Klecksen Meerrettichschmand besprenkeln. Weitere 3 – 4 Minuten backen, bis der Rand goldgelb ist. Zitronenschale über die Pizza streuen und den restlichen Dill darüber zupfen.

MIT PILZEN, ZIEGENKÄSE UND RUCOLA

Als ich ein paar unserer Freunde zum Pizza-Probeessen für dieses Buch einlud, machte ich vier meiner Lieblingsbeläge — unsere Freunde sollten für drei abstimmen, die schließlich ins Buch kämen. Ich hatte ehrlicherweise ein bisschen auf diesen hier spekuliert, weil ich irgendwie dachte, die Zeit für Ziegenkäse und Rucola sei ein wenig vorbei. Aber nix da, sie bestanden auf alle vier. Es gab unter anderem regelrechte Rucola- und Ziegenkäse-Fangesänge bei uns im Garten. Breite Zustimmung gab´s außerdem von der Anti-Tomaten-Partei. Diese Pizza ist nämlich eine Pizza bianco — also eine ohne rote Soße.

BELAG FÜR 4 PIZZEN

- 500 Gramm braune Champignons • 5 Frühlingszwiebeln • Öl zum Braten • 400 Gramm Ziegenkäse (Rolle) • 50 Gramm Crème fraîche • 100 Gramm Rucola

Champignons und Frühlingszwiebeln in Scheiben schneiden und in der Pfanne mit einem Esslöffel Öl anbraten. Den ausgerollten Teig mit glatt gerührter Crème fraîche bestreichen und mit Scheiben von Ziegenkäse belegen und bei 225 Grad Ober- und Unterhitze 12 - 15 Minuten backen bis der Rand goldgelb ist. Champignons und Frühlingszwiebeln auf der Pizza verteilen, mit Salz und Pfeffer würzen und mit Rucola belegen.

MIT KNUSPER-BLUMENKOHL UND KARAMELLISIERTEN ZWIEBELN

Ich find´s verrückt, wie Blumenkohl im Backofen mir nichts dir nichts vom leicht langweiligen Sonntags-Sahnesoßen-Schwiegersohn zum lässigen Knusper-Draufgänger wird. Und dazu meine liebsten Karamell-Zwiebeln. Ein absolut großartiger Belag!

BELAG FÜR 4 PIZZEN

- 1 kleiner Blumenkohl • 100 Gramm geriebener Parmesan • 100 Gramm Semmelbrösel
- ½ Teelöffel Paprikapulver • 1 Becher Crème fraîche • 1 gehäufter Esslöffel Mandelmus
- Salz, Pfeffer • 2 Teelöffel Currypulver • 2 Esslöffel brauner Zucker • 2 rote Zwiebeln
- Öl zum Braten • 1 Esslöffel Limettensaft • 1 kleine Knoblauchzehe • 2 Eier

Blumenkohl waschen, in Röschen teilen und in Salzwasser 4 - 5 Minuten kochen. Abgießen und sofort mit kaltem Wasser abspülen. In einer Schüssel Käse, Semmelbrösel, Salz, Pfeffer und Paprikapulver mischen. In einer anderen Schüssel die Eier leicht verschlagen. Ein Backblech mit Backpapier auslegen. Die Blumenkohl-Röschen durch die Eier ziehen und dann in der Käse-Semmelbrösel-Mischung wenden. Auf das Backblech legen und im vorgeheizten Backofen bei 200 Grad Ober- und Unterhitze ca. 15 - 20 Minuten backen. Rote Zwiebeln putzen und in feine Scheiben schneiden. Mit zwei Esslöffeln Öl und zwei Esslöffeln Zucker in der Pfanne karamellisieren lassen.

Crème fraîche, Mandelmus, Salz, Pfeffer, Currypulver, ein Esslöffel Limettensaft verrühren. Knoblauch dazu pressen. Etwas Currycreme auf den Pizzaboden streichen, mit Knusper-Blumenkohl belegen, karamellisierte Zwiebeln darüber geben. Mit Currycreme beträufeln und bei 225 Grad Ober- und Unterhitze 12 - 15 Minuten backen bis der Rand goldgelb ist.

REGENBOGENSALAT

Dieser Salat ist so herrlich einfach. Alle Zutaten in Regenbogenfarben werden einfach klein geschnitten und auf einer Platte in bunten Streifen, wie ein Regenbogen, angerichtet. Das sieht hübsch aus, so hübsch, dass ich schon mal drei weiße Spielzeugeinhörner aus dem Salat fischen musste, die dort entlangritten. Dazu gibt es ein oder zwei Dressings nach Wahl. Meine Kinder mögen ihn so gern, weil jeder ganz einfach das nehmen kann, was er mag.

FÜR 4 PERSONEN
- 1 rote Zwiebel • 1 kleiner Radicchio • 1 kleiner grüner Salat • 1 Gurke • 2 gelbe Paprika
- 3 Möhren • 500 Gramm Cocktailtomaten

Gemüse waschen, putzen und klein schneiden und auf einer großen Servierplatte oder Teller in Regenbogenfarben anrichten.

DRESSING 1: TANTE MIMIS SALATSOSSE

Tante Mimi war eine Nenntante meines Papas und Erzählungen zufolge eine herzensgute Frau mit ein paar gemütlichen Hüftrollen unter einem stets geblümten Kittel. Ich mag Tante Mimi unter anderem sehr, weil sie meinen Vater, den seine fünf Geschwister 1943 während eines Flugalarms im Kinderwagen angeblich im großen Garten vergessen haben, todesmutig ins Haus geschoben hat. (Mein Vater behauptet im Bombenhagel, seine Geschwister schwören es sei mucksmäuschenfriedlich gewesen). Und natürlich, weil meine Kinder dank ihrer Soße sogar manchmal grünen Salat mögen.

- 100 Milliliter Sahne • 2 Esslöffel Kräuteressig • 1 Teelöffel Dijon-Senf • 5 Esslöffel Sonnenblumenöl • 1 Esslöffel eiskaltes Wasser • 1 kleine Knoblauchzehe • frisch gemahlener Pfeffer
- 2 – 3 Stängel Dill oder Schnittlauch • Salz

Essig, Senf, Öl, kaltes Wasser und Sahne in ein Schraubglas geben. Knoblauch dazupressen und mit Salz und Pfeffer würzen. Kräuter hacken und dazugeben, den Schraubglasdeckel fest zudrehen und kräftig schütteln.

DRESSING 2: LIEBLINGSVINAIGRETTE

Diese Vinaigrette mache ich beinahe jeden Tag. Dank der frischen Kräuter wird sie trotzdem nicht langweilig.

- 6 Esslöffel Olivenöl • 3 Esslöffel Kräuteressig
- 1 Esslöffel Zucker • 1 Teelöffel Dijon-Senf
- Salz und frisch gemahlener Pfeffer
- ½ Bund Schnittlauch (oder 2 – 3 Stängel andere frische Kräuter)
- ½ kleine rote Zwiebel

Die Zwiebelhälfte in kleine Würfel schneiden. Zwiebelwürfel, Öl, Essig, Senf, Zucker, Salz und Pfeffer in ein Schraubglas geben, zudrehen und gut schütteln. Schnittlauch in die Soße schnippeln.

BLUMENKOHL-RADIESCHEN-SALAT MIT MINZE

Ein wahnsinnig leckerer, sehr besonderer Salat, der für laute Glücksjauchzer sorgt, wenn man ihn zu Grillparties mitbringt. Vor allem ab Mitte August, wenn alle auf der Terrasse langsam ein wenig gelangweilt sind vom üblichen Tomaten-Gurken-Mix. Ich habe ihn zum ersten Mal auf einem Mädelsgeburtstag gegessen. Meine Salatrecherche ergab: Die Freundin der Gastgeberin hatte ihn gemacht. Und das Rezept ist ein Mix aus mehreren Salatrezepten ihrer Lieblingsblogs – plus einem Salat von einer Kochtopf-Verkaufsparty.

ALS BEILAGE FÜR 4 PERSON

- 1 kleiner Blumenkohl
- 1 Bund Radieschen
- 1 kleine Dose Kichererbsen (400 Gramm)
- 1 – 2 Äpfel
- jeweils 2 – 3 Stängel Minze und Petersilie
- 1 Knoblauchzehe
- 1 Zwiebel
- 4 Esslöffel Olivenöl
- 4 Esslöffel Limettensaft
- 1 Teelöffel süßer Senf
- 1 Teelöffel Ahornsirup
- 6 Esslöffel Olivenöl
- Chilipulver, Salz, Pfeffer
- 2 Esslöffel Kernmischung (zum Beispiel Sonnenblumenkerne, Kürbiskerne, Nüsse)

Kichererbsen mit ein wenig Chilipulver bestäuben und auf einem mit Backpapier ausgelegtem Backblech be 200 Grad Ober- und Unterhitze etwa zehn Minuten backen. Danach abkühlen lassen. Den Blumenkohl waschen, putzen und in Scheiben schneiden. Die Scheiben jeweils mit einem großen Messer auf einem großen Brett sehr fein hacken. Radieschen ebenfalls waschen, putzen und in sehr kleine Würfel schneiden. Apfel schälen und ebenfalls sehr klein schneiden. Minze und Petersilie waschen, ausschütteln und klein schneiden. Zwiebel schälen und in sehr kleine Würfel schneiden. Aus Zwiebelwürfeln, Olivenöl, Limettensaft, Senf, Ahornsirup, Chili, Salz und Pfeffer ein Dressing mixen. Ich schüttele das immer in einem sauberen Marmeladenglas, so wird es schön cremig. Blumenkohl, Apfel, Radieschen und Kichererbsen mischen, mit dem Dressing übergießen, die Kräuter darüber streuen und noch mal vorsichtig umrühren. Ein paar Minuten ziehen lassen, mit der Kernmischung bestreuen und servieren.

MITTSOMMER-LACHS

Die Kinder lieben es, zuzuschauen, wie der Lachs blitzschnell hellrosa gart, sobald ich den Sud darüber gieße. Das ist wie Zauberei. Überhaupt zaubert der Lachs uns im Kopf in Blitzgeschwindigkeit zurück nach Schweden, genau genommen an die Mittsommertafel im Freilichtmuseum Skansen im Jahr 2013, wo André und ich und damals noch zwei Jungs mitgetanzt haben und ich zwischendurch den Schwedinnen am Buffet dieses köstliche Rezept abgebettelt habe. (Bloß den Dauerregen aus dem Jahr lassen wir bei all der Zauberei bitte einfach weg).

FÜR 6 PERSONEN
- 1,2 Kilo Lachsfilet mit Haut

Dazu essen wir immer Pellkartoffeln.

für den Sud:
- 3 l Wasser • 2 Esslöffel Salz • 5 weiße Pfefferkörner • 5 Pimentkörner • 2 Lorbeerblätter
- 2 Zwiebeln • 1 Möhre • ½ Porreestange

Für die Mayonnaise:
- 1 Eigelb • 1 Esslöffel Dijon-Senf • 1 Esslöffel Weinessig • Salz • weißer Pfeffer
- 200 Milliliter Sonnenblumenöl • 100 Gramm Saure Sahne • 1 Bund Dill

Für den Gurkensalat:
- 1 Gurke • 1 Esslöffel Essig • 2 Esslöffel Zucker • 3 Esslöffel Wasser • Petersilie
- Salz • frisch gemahlener Pfeffer

Die Gurke schälen, in dünne Scheiben schneiden, salzen und in ein Sieb legen. Mit einem kleinen Topf beschweren und eine Stunde abtropfen lassen.

Den Lachs in sechs gleich große Stücke schneiden und diese mit jeweils einem Zentimeter Abstand in eine Form mit hohem Rand legen. Mit etwas Salz bestreuen. Zwiebeln, Möhre und Porree putzen und in Scheiben schneiden. Piment und Pfeffer im Mörser zerstoßen. Alle Zutaten für den Sud in einen Topf geben und zehn Minuten kochen lassen. Danach so viel Sud über den Lachs gießen, dass der Lachs vollständig bedeckt ist. Die Form mit Butterbrot Papier abdecken und langsam abkühlen lassen.

Für die Mayonnaise ein Eigelb, Senf, Weinessig sowie Salz und Pfeffer in einer Schüssel mit dem Handmixer kräftig verrühren. Das Öl während des Rührens in einem dünnen Strahl dazu fließen lassen. Saure Sahne und fein gehackten Dill dazugeben.

Für die Gurkensalat-Marinade 1 Esslöffel Essig, 2 Esslöffel Zucker und 3 Esslöffeln Wasser mit dem Schneebesen verrühren, bis sich der Zucker aufgelöst hat. Mit Salz und Pfeffer würzen, die Gurkenscheiben dazugeben und mit gehacktem Dill bestreuen. Dazu frisch gekochte neue Kartoffeln reichen.

BACK-BEETE-BOLO

Eine prima Bolo-Alternative für Veggie-Tage. Nicht mal die absoluten Fleischliebhaber unter uns sechs merken sofort, dass keins drin ist. Ich mache immer gleich einen ganzen Topf voll. Wie bei allen Bolos, wird auch diese mit jedem Aufwärmen immer besser. Das Rezept stammt von meiner dänischen WG-Mitbewohnerin, die es ständig kochte. Als sie sich Hals über Kopf in einen strohblonden Sportlehrer und Hobbykoch verknallte, wurde es von Mahl zu Mahl sogar noch besser ...

FÜR 4 PERSONEN

- 1 kleine rote Beete
- 1 rote Zwiebel
- 250 Gramm braune Champignons
- 1 große Möhre
- 1 große Knoblauchzehe
- 2 Stängel Thymian
- ½ Bund Petersilie
- Öl zum Braten
- 1 Lorbeerblatt
- 3 Esslöffel Tomatenmark
- 200 Milliliter Rotwein
- 1 kleine Dose Tomaten (400 Gramm), püriert
- ½ Dose braune Linsen (200 Gramm)
- ½ Teelöffel Chilipulver
- Salz, Pfeffer
- 500 Gramm Spaghetti
- geriebener Parmesan
- eventuell Gemüsebrühe

Ofen auf 240 Grad Ober- und Unterhitze vorheizen. Rote Beete schälen, in Scheiben schneiden und im heißen Ofen 30 Minuten backen. Petersilie hacken. Möhre in feine Würfel schneiden. Champignons waschen, klein schneiden und im elektrischen (oder manuellen) Zerkleinerer ganz fein häckseln. Zwiebel ebenfalls klein häckseln. Rote Beete aus dem Ofen nehmen, kurz abkühlen lassen und ebenfalls klein häckseln. Linsen mit einem Löffel oder Caipirinha Stößel leicht zerdrücken. Öl in eine Pfanne geben, Zwiebelwürfel darin kurz anschwitzen, Knoblauch dazu pressen. Rote Beete-Hack, Tomatenmark, Champignonhack und Möhrenwürfel dazugeben, kurz mit anbraten. Mit Rotwein ablöschen. Linsen, Dosentomaten, Chilipulver, Salz, Pfeffer, abgezupften Thymian, Lorbeer und die Hälfte der Petersilie dazugeben und etwa eine halbe Stunde köcheln lassen, dabei immer mal wieder umrühren. Sollte die Soße zu fest werden, etwas Brühe angießen. Spaghetti nach Packungsanweisung al dente kochen. Die Soße abschmecken und mit der restlichen Petersilie bestreut servieren. Parmesan dazu reichen.

MEXIKANISCHE FIESTA

Wir alle sechs lieben die Mexikanische Küche – unsere Freunde zum Glück auch. Leider sind wir bislang tatsächlich nur per Essen dorthin gereist. Je nachdem, wie viele Freunde zu Besuch kommen, mache ich eins, zwei oder gleich alle mexikanischen Gerichte aus diesem Buch.

CREMIG GUTE PILZ-ENCHILADAS

Verrückt, dass ein cremiges Gericht mit Sahne typisch mexikanisch ist. Das Rezept stammt aber aus einem mexikanischen Kochbuch aus den 80er Jahren in Englisch, das ich mal auf einem Flohmarkt gekauft habe.

FÜR 4 PERSONEN

Für die Soße: • 1 Zwiebel • 1 kleine rote Chili • Salz, Zucker • Olivenöl zum Braten • ½ Teelöffel Kumin • ½ Teelöffel Paprikapulver • 1 kleine Dose stückige Tomaten (400 Gramm) • ½ Becher Crème fraîche

Für die Füllung: • 1 kleine Zwiebel • 350 Gramm Champignons • Olivenöl zum Braten • 1 Knoblauchzehe • Salz • 1 Becher Sahne • 150 Gramm geriebener Cheddar Käse

Außerdem: • 1 Packung Tortilla-Wraps aus Maismehl (8 Stück) • 3 Stängel frischer Koriander • ½ Becher Crème fraîche

Für die Soße die Zwiebel und Chili klein schneiden, in Olivenöl anbraten. Kumin und Paprikapulver dazugeben und unter Rühren ein wenig mit brutzeln lassen. Mit Tomaten ablöschen, köcheln lassen. Nach ein paar Minuten die Crème fraîche dazugeben, mit Salz und Zucker abschmecken.
Für die Füllung Pilze, Zwiebel und Knoblauch klein schneiden und in 2 Esslöffeln Olivenöl anschmurgeln.

Mexiko-Insiderwissen: Gefüllte Tortilla-Wraps, die mit Soße übergossen werden, nennt man Enchiladas. Aufeinander gelegte, mit Käse gefüllte und in der Pfanne gebratene Tortillas heißen Quesadillas (queso heißt Käse). Tacos sind hart, und erinnern an Muscheln, daher werden sie auch Tacoshells genannt. Und Nachos sind mit Käse überbackene Tortilla-Chips.

Salzen, Sahne dazugießen und fünf Minuten köcheln lassen. Zum Schluss die Hälfte Käse dazugeben und noch ein paar Minuten köcheln lassen. Tortilla-Wraps von beiden Seiten in die Soße tunken (kleine Schweinerei). Dann zwei Esslöffel von der Füllung in die Mitte geben und einrollen. In eine leicht gefettete Auflaufform legen. Weitere Tortilla-Wraps ebenso füllen und daneben betten. Zum Schluss die Soße mittig über den Wraps verteilen. Restlichen Käse darüber streuen und 10 bis 15 Minuten bei 175 Grad Ober- und Unterhitze im Ofen überbacken. Mit gehacktem Koriander und Crème fraîche servieren.

NACHOS FÜR VIELE

Alle unsere Freunde lieben dieses Gericht. Es ist ein richtiger Crowd-Pleaser, wie die Engländer so schön sagen. Auch manchmal für unsere eigene Crowd, bei unseren Freitags-Couch-Kino-Abenden. Dann ohne Steak — und vom Tablett.

FÜR 8 PERSONEN

Für die Cowboy-Bohnen: 1 Zwiebel • Olivenöl zum Braten • 1 kleine rote Chilischote • 1 Knoblauchzehe • 2 Stiele frischer Thymian • 3 Esslöffel Wasser • 1 kleine Dose Tomaten (400 Gramm) • 1 kleine Dose Kidneybohnen (400 Gramm) • 1 Lorbeerblatt • Salz, Zucker

Für die Nachos: • 3 Rumpsteaks (zweifingerdick) • Olivenöl zum Braten • Salz, Pfeffer, Kumin, Chilipulver • 2 große Packungen Taco-Chips (á 200 Gramm, salted) • 500 Gramm geriebener Käse (ich mag Cheddar) • 1 rote Zwiebel • 3 Tomaten • 3 Avocados • 1 Handvoll schwarze Oliven • 1 Bund frischer Koriander • 1 Becher Crème fraîche • 3 Salatblätter

Für die Cowboy-Bohnen die Zwiebel, Chili und gepressten Knoblauch in Olivenöl anbraten, mit Wasser und Tomaten ablöschen, Bohnen, Thymian und Lorbeer hinzugeben und zehn Minuten köcheln lassen. Lorbeer entfernen. Mit Salz und Zucker abschmecken und mit dem Kartoffelstampfer etwas durchmatschen. Den Backofen auf 160 Grad Ober- und Unterhitze vorheizen. Drei Esslöffel Olivenöl mit jeweils einem Teelöffel Salz, Pfeffer, Chilipulver, Kumin mischen und die Steaks damit einreiben. Steaks im heißen Fett kurz auf jeder Seite knusprig anbraten, dann erst in Backpapier und dann in Alufolie einschlagen und für sieben Minuten in den Ofen schieben. Herausnehmen und bis zum Aufschneiden ruhen lassen. Tortilla-Chips auf zwei Blechen verteilen, Hälfte des Käses darüber streuen und fünf Minuten bei 100 Grad im Backofen überbacken. Dann jeweils die Bohnen und den restlichen Käse auf den Tortilla-Chips verteilen und ein paar weitere Minuten überbacken lassen. Auf großen Platten (oder gleich auf den Blechen) servieren. Tortilla-Chips vor dem Servieren mit zerrupftem Salat, Tomatenvierteln, Avocadoscheiben, Oliven, Zwiebelringen, gehacktem, frischem Koriander, Steakstreifen und Kleckse von Crème fraîche garnieren. Dazu Guacamole (Seite 174) servieren.

TORTILLA-WRAP-TÖRTCHEN MIT ZIMT UND ZUCKER

Wieso habe ich das bloß vorher nie irgendwo gegessen, habe ich mich gefragt, als ich diese Törtchen zum ersten Mal auf dem Buffet der Babyparty einer Freundin probiert habe. Die Idee, die Tortilla-Wraps zu buttern, in Zimtzucker zu baden und im Backofen knusprig zu backen ist so lecker!

CIRCA 10 TÖRTCHEN

- **1 Packung kleine Weizenmehl-Tortilla-Wraps (8 Stück)** • **2 Esslöffel Butter**
- **200 Gramm Zucker** • **2 Teelöffel Zimt**
- **Milch** • **1 Packung Vanillepuddingpulver**
- **½ Tafel Vollmilchschokolade**

Den Backofen auf 180 Grad Ober- und Unterhitze vorheizen. Die Butter im Topf zerlassen und die Tortilla-Wraps von beiden Seiten mit der flüssigen Butter bestreichen. Auf einem Teller mit Rand den Zucker mit dem Zimt mischen. Die gebutterten Tortillas jeweils von

WENN FREUNDE KOMMEN - 195

Die Nachos schmecken natürlich auch ohne Steak. PS: In Mexiko werden Tortilla Chips übrigens meist aus den zerkleinerten und in Öl gebackenen Tortilla-Wraps vom Vortag gemacht.

Veggie-Tipp: Schmeckt auch ohne Hühnchen.

beiden Seiten darin baden. Tortillas halbieren, die Hälften leicht einrollen und jeweils in eine Mulde einer Muffinform drücken, dabei wie eine kleine Schale formen. Im Backofen für acht bis zehn Minuten knusprig backen. Vanillepuddingpulver mit Milch und Zucker nach Packungsanweisung kochen. Pudding und Tortillas ein wenig auskühlen lassen, dann den Pudding in die Tortilla-Wraps füllen. Schokolade im Wasserbad schmelzen lassen, mit einem Esslöffel über die Törtchen sprenkeln. Eine Stunde in den Kühlschrank stellen.

HÜHNCHEN-MAIS-QUESADILLAS

Vielleicht sind Tortilla-Wraps deshalb so rund, weil sie sich permanent selbst einen Orden als schnellstes Abendbrot der Welt verleihen. Dazu eines, das jeder mag, also zumindest in unserer Familie. Dieses Gericht bereite ich zu, wenn ich nach einer Konferenz superspät aus der Schule komme oder nach einem mit Arztterminen vollgestopftem Nachmittag oder einer verregneten Tennisstunde meiner beiden Großen. Oder wenn ich einfach tatsächlich überhaupt keine Kraft habe für eventuelles „Mag-ich-nicht-Gemaule"...

FÜR 4 PERSONEN

2 Bio-Hähnchenbrustfilets • Öl zum Braten • Salz • 1 Dose Mais (285 Gramm) • 250 Gramm geriebener Cheddarkäse • 6 große Weizen- oder Maismehl-Tortillas • 1 Avocado • 1 Glas Salsa (200 Milliliter) • ½ Becher Crème fraîche

Backofen auf 200 Grad Ober- und Unterhitze vorheizen. Hähnchenbrustfilets in Öl anbraten, salzen, in Stücke schneiden. In einer Schale mit abgetropftem Mais und Käse vermischen. Die Masse auf drei Tortillas verteilen, drei weitere jeweils oben drauf legen. Leicht andrücken. Im Backofen fünf Minuten grillen bis der Käse zerlaufen ist. Heiße Quesadillas mit einem großen Messer in 8 Stücke teilen. Avocado in Scheiben schneiden, mit Salsa und Crème fraîche dazu essen.

TOMMYS GIGANTISCH GUTE GANS MIT KNÖDELN UND ROTKOHL

Bei uns zuhause gab es an Weihnachten immer Würstchen mit Kartoffelsalat. Ich habe es gehasst. Meine Mutter hat es allerdings gehasst, an Weihnachten in der Küche zu stehen. Für meine eigene Familie habe ich mir schon damals immer ein klassisches Weihnachtsessen ausgemalt, mit Suppe, Nachtisch und einer knusprigen Gans. Ganz sicher war ich mir aber nicht, wie das gehen sollte, mit all der Kocherei.

Glücklicherweise hat mir unser Freund Tommy irgendwann beigebracht, wie es geht. Mit Tommy, seinen Kindern und seiner Frau feiern wir jedes Jahr ein kleines Freunde-Weihnachten vorab. Tommy macht an diesem Abend immer schon mal eine Gans zur Probe, die jedes Jahr immer noch ein bisschen leckerer wird. Von ihm habe ich gelernt, dass Kochen an Weihnachten überhaupt nicht blöd ist. Ganz im Gegenteil. Es ist total gemütlich. Vor allem wenn man einen offenen Küchen- und Wohnbereich hat, alle mit einem gut gefüllten Glas herumstehen, einer hier schnippelt und einer da und schmalzige Weihnachtsmusik läuft.

Noch besser: Weihnachtskochen schützt sogar vor dem FFG, dem Feiertags-Frust-Gefühl, das sich sonst ja gern mal einstellt. Kennt ihr das? Das Gefühl, wenn man sich wochenlang auf etwas gefreut hat, alles vorbereitet ist und dann alles besonders schön sein soll, die Kinder aber aufdrehen, alle motzen – und man selbst fühlt sich plötzlich bloß müde und leer.

Bei uns beginnt die Weihnachtsgemütlichkeit jetzt bereits immer am Abend vor Heiligabend, wenn André und ich bei einem Glas Wein den Rotkohl und den Nachtisch machen (meistens das Snickers-Semifreddo von Seite 243).

Am Heiligmorgen kuller ich dann zu Michael Bublé die Klöße und schiebe die Gans in den Ofen, die dann stundenlang allein vor sich hinschmurgelt.

Und psst, manchmal ist es sogar während unserer Familienfeier am Heiligabend ganz schön, wenn man sich ab und zu in die Küchenecke verdrücken darf, ähm, muss. Übrigens: Meine Mutter macht inzwischen jedes Jahr die Laaser Suppe (Seite 136), die traditionell unsere Heiligabendvorspeise ist. Am Tag vor Weihnachten kocht sie nämlich inzwischen auch ganz gern …

Tommys Gänserezept stammt übrigens ursprünglich mal von einem Zettel, der einer Apfelkiste vom Obsthof beilag.

TOMMYS GIGANTISCH GUTE GANS

FÜR 6 PERSONEN

- 1 Gans (ca 4,5 Kilo) • Salz • weißer Pfeffer • 1 – 2 Bund frischer Majoran • 1 Bund frischer Beifuß
- 1,5 Liter Gemüsebrühe • 500 Milliliter Gänsefond im Glas • 6 süß-säuerliche Äpfel (zum Beispiel: Elstar oder Holsteiner Cox) • 1 Handvoll ungeschwefelte Trockenaprikosen und Pflaumen
- 1 – 2 Esslöffel Mehl und Speisestärke • Majoran

Tipp: Beifuß schmeckt nicht bloß lecker sondern fördert auch die Fettverdauung.

Die Gans am Vortag von innen kräftig salzen und pfeffern, außen leicht (dafür Salz und Pfeffer in einem Marmeladenglas mischen). Falls die Gans einen langen Hals hat ein gutes Stück davon abtrennen und außerdem die Fettdrüsen heraus schneiden. Äpfel schälen, entkernen und vierteln. Die Gans mit Apfelvierteln, Majoran, Beifuß und Trockenfrüchten füllen. Dann zunähen und die Keulen an den Knochen so zusammenbinden, dass sie eng an der Gans anliegen. Das verhindert trockene Keulen. Im Kühlschrank lagern.

Am nächsten Tag die Gans auf dem Gitterrost des vorgeheizten Backofens mit einer Fettpfanne mit zwei Tassen Wasser darunter bei 170 Grad Umluft braten, zunächst mit der Brustseite nach unten. Nach einer Stunde die Gans umdrehen und mit einer Bratengabel mehrmals einstechen, damit das Fett heraus tropft.

Weiterbraten auf unterer Schiene bei 170 Grad Umluft für ungefähr 3 bis 3,5 Stunden. Bei vielen Unterbrechungen auch mal bis zu 4 Stunden bei einer 4 – 5 Kilo schweren Gans. Nach 1,5 Stunden das Fett aus der Pfanne in einen Topf gießen (man kann mit Beifuß, Majoran und gedünsteten Apfel- und Zwiebelstückchen ein leckeres Gänseschmalz daraus machen) und einen Liter Gemüsebrühe (nicht zu stark) in die Fettpfanne gießen. Dazu einige Apfelviertel geben. Die Gans ungefähr alle 30 bis 40 Minuten mit der restlichen Brühe begießen.

Etwa fünfzehn Minuten vor Ende der Bratzeit eine Tasse Salzwasser (nicht zu stark) über die Gans gießen und den Grill des Backofens anstellen, damit sie knusprig wird. Gans sehr gut im Blick behalten (!), damit die Haut nicht verbrennt. Nach Ende der Bratzeit den Vogel ruhen lassen und den Bratfond in einen Topf gießen, nochmals Fett abschöpfen, aufkochen. Benötigt man mehr Soße, gießt man ein Glas Gänsefond hinzu. Einen Esslöffel Mehl und einen Esslöffel Stärke mit kaltem Wasser anrühren und zum Binden der Soße in den kochenden Fond gießen. Eventuell mit kleineren Mengen Mehl und Stärke wiederholen, falls die Soße noch nicht sämig genug ist. Mit Salz, Majoran und Pfeffer abschmecken. Fertig.

ROTKOHL

Das Rezept meiner Schwiegermama. Süß und fruchtig und fabelhaft. Jedes Jahr an Weihnachten, wenn ich doch überlege, etwas weniger Zucker in den Kohl zu werfen, schreien mindestens fünf Rotkohlfans auf. Dann lass ich es. Ist ja Weihnachten.

FÜR 6 PERSONEN

- 1 Rotkohl • 4 Esslöffel Kräuteressig • 10 Wachholderbeeren • 5 Nelken • 4 Lorbeerblätter • Pfeffer, Salz • Butter und Öl zum Braten • 3 saure Äpfel • 150 Gramm Zucker • 750 Milliliter Gemüsebrühe
- ½ Liter Apfelsaft

Rotkohl so fein wie möglich schneiden. Äpfel schälen und in kleine Würfel schneiden. 2 Esslöffel Butter und Öl in einen großen Topf geben, die Äpfel darin mit einem Esslöffel Zucker karamellisieren lassen. Kohl dazugeben und kurz ein wenig mit anschwitzen. Brühe angießen, Wacholderbeeren, Nelken, Pfeffer, Salz und Lorbeer dazugeben und drei Stunden auf kleiner Flamme kochen lassen. Falls die Flüssigkeit verkocht, etwas Apfelsaft nachgießen. Gegen Ende den Zucker unterrühren und kurz mitkochen.

KNÖDEL FÜR ANFÄNGER

Knödel sind für mich der Inbegriff von Gemütlichkeit. Bei uns gab es früher leider bloß mal welche aus dem Kochbeutel. Das wär's fast gewesen mit mir und den Knödeln. Nach jedem Bayernurlaub habe ich dennoch wieder etliche Freunde nach ihrem Kloßrezept gefragt. Nie hat eins bei mir geklappt. Bis mir die Freundin einer Freundin von dem Knödelrezept ihre Mutter vorschwärmte (auf einer juliheißen, schweißnassen Sommerparty übrigens, direkt vor einem Berg Kartoffelsalat). Zum Glück habe ich es mir direkt auf einer Serviette notiert.

FÜR 6 PERSONEN
- 600 Gramm festkochende Kartoffeln • 2 Eigelb • 80 Gramm Kartoffelmehl (plus ein bisschen mehr)
- 1 Esslöffel sehr weiche Butter • Salz • Muskat

Kartoffeln mit Schale kochen, pellen und auf ein Backblech legen. Im Backofen bei 130 Grad ein paar Minuten trocknen lassen (sie müssen ganz trocken sein!). Die Kartoffeln durch eine Kartoffelpresse drücken. Zwei Eigelbe sorgfältig unterkneten. Erst danach 50 Gramm Kartoffelmehl unterkneten. Zum Schluss die Butter unterrühren. Teig mit Salz und frisch geriebener Muskatnuss abschmecken. Mandarinengroße Klöße rollen und jeweils mit etwas Kartoffelmehl bestäuben. Die Klöße in einem Topf Salzwasser fünfzehn Minuten sieden lassen (auf keinen Fall kochen lassen, das franst sie aus!) Die Klöße mit einer Schaumkelle herausnehmen und gut abtropfen lassen.

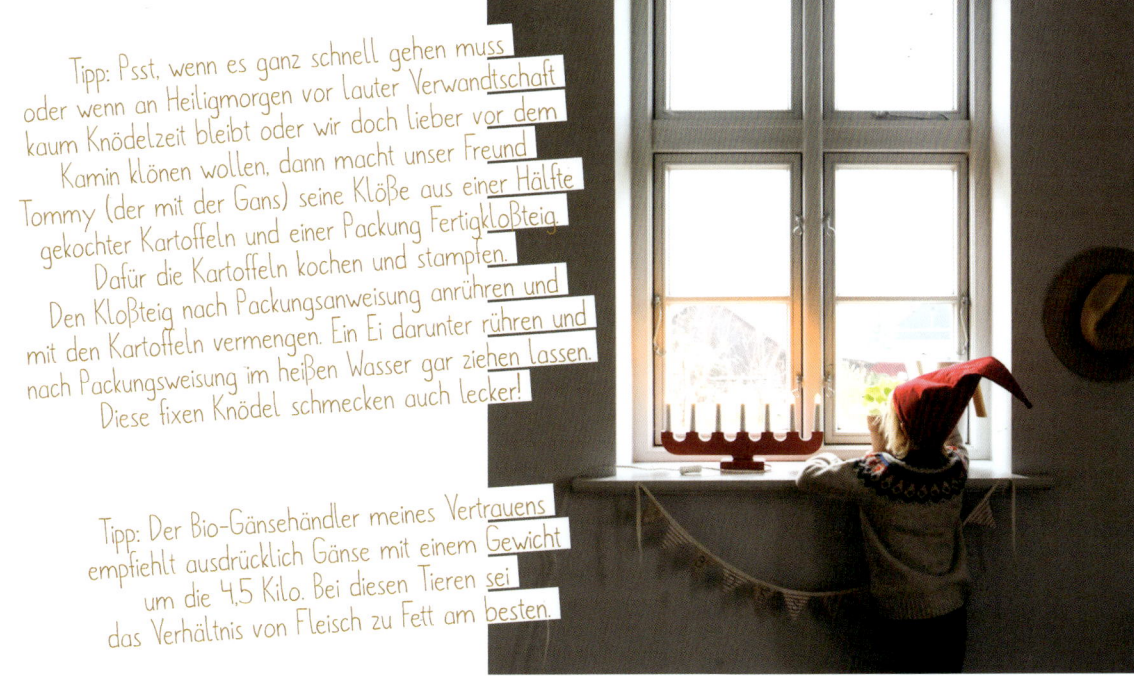

Tipp: Psst, wenn es ganz schnell gehen muss oder wenn an Heiligmorgen vor lauter Verwandtschaft kaum Knödelzeit bleibt oder wir doch lieber vor dem Kamin klönen wollen, dann macht unser Freund Tommy (der mit der Gans) seine Klöße aus einer Hälfte gekochter Kartoffeln und einer Packung Fertigkloßteig. Dafür die Kartoffeln kochen und stampfen. Den Kloßteig nach Packungsanweisung anrühren und mit den Kartoffeln vermengen. Ein Ei darunter rühren und nach Packungsweisung im heißen Wasser gar ziehen lassen. Diese fixen Knödel schmecken auch lecker!

Tipp: Der Bio-Gänsehändler meines Vertrauens empfiehlt ausdrücklich Gänse mit einem Gewicht um die 4,5 Kilo. Bei diesen Tieren sei das Verhältnis von Fleisch zu Fett am besten.

DIY

„WENN FREUNDE KOMMEN"

Ich liebe, liebe, liebe es, für unsere Abendessen mit Freunden den Tisch schön zu decken. Und manchmal, ganz manchmal darf es dann auch schon mal ein wenig mehr Deko sei...

KAFFEE MIT ALICE (UND EIN BISSCHEN WUNDERLAND)

Alte Tassen, Untertassen, Teller, Kerzenständer und Kaffeekannen (vom Flohmarkt oder einfach zusammen leihen), verschiedene Blumen, Moos, Decke mit Blumenmuster oder ein geblümtes Stück Stoff

Aus Tassen, Tellern und Kannen auf der Blümchendecke oder Blümchenstoff kleine und große Etageren stapeln. Tassen und Kannen mit Wasser füllen. Alles mit kleinen und großen Blüten dekorieren.

SEKT MIT DEN MÄDELS (UND BOHO-BLUMENKRÄNZE)

Reichlich Blumen (selber pflücken oder im Blumenladen nach welchen vom Vortag fragen), Blumendraht, Vasen, Sprüchekarten, Scheren, eventuell ein Tablett

Blumen in Vasen auf dem Tisch verteilen, Draht und Scheren auf einem Tablett bereitlegen. Wer mag, bindet sich einen Kranz. Um die Romantik ein wenig zu brechen, eine paar lässige Postkarten dazu dekorieren.

PIZZA UND POESIE

Reichlich Kräuterzweige, eine lange Schnur, ausgeschnittene, selbstgeschriebene oder ausgedruckte Zitate, Holzwäscheklammern, Draht

Die Schnur über dem Tisch befestigen. Einzelne Kräuterzweige mit Wäscheklammern (oder Draht) daran befestigen. Die Zitate dazwischen hängen. Oder die Kräuter in kleinen Vasen auf dem Tisch verteilen, Zitate dranhängen oder hinein stecken.

MEXIKANISCHE FIESTA

Genau wie die Küche liebe ich mexikanische Deko: ein paar Tischdecken und Kissen mit Folklore-Muster, Strohhüte an den Wänden und Blumen in Knallfarben. Eine kunterbunte Mexiko-Girlande und fröhliche easypeasy Lampions bastele ich noch eben fix dazu.

<u>Für die Girlande:</u> **1 bis 2 Packungen längliche Tortenspitzen, Wasserfarbe und Pinsel, Schere, Band (oder eine Nähmaschine), Zeitungspapier, Bügeleisen**

Tortenspitzen jeweils in der Mitte durchschneiden mit Wasserfarben anmalen. Auf mehreren Lagen Zeitungspapier trocknen lassen. Jeweils links und rechts Löcher in jedes Tortenspitzenstück bohren und hintereinander auffädeln. Oder fix mit Nähmaschine aneinandernähen.

<u>Für die Lampions:</u> **buntes Papier (DIN A4 oder 3, auf jeden Fall länglich), Masking Tape, Klebestift, Schere, eventuell Draht**

Das Papier im Querformat hinlegen, einmal über die Längsseite in der Mitte falten, wieder auseinander falten. Jeweils am Rand oben, unten und auf der Mittelfalz einen Streifen Masking Tape aufkleben. Papier noch einmal über die Längsseite falten, das Masking Tape nach außen. Von der geschlossenen Seite bis zum Masking Tape am oberen Rand alle zwei Zentimeter einschneiden. Auffalten und als Lampion zusammenkleben. Auf den Tischen verteilen, oder Drahtstücke als Aufhängung befestigen und die Lampions in die Bäume oder über den Tisch hängen.

MEINE REZEPTE

ABENTEUERESSEN UND COUCH-SNACKS

Noch besser als am Esstisch schmeckt es im Schatten eines Apfelbaums, barfuß im Elbstrandsand oder eingewickelt in eine Wolldecke auf dem Sofa.

Von Lagerfeuer-Laune und einem abenteuerlichen Trip durch „Mag-ich-nicht-Land"

Bevor ich Kinder hatte, gab es hunderttausend Dinge, die ich niemals machen wollte, wenn ich mal Kinder habe. Körbe mit Bergen von Spielzeug im Wohnzimmer stehen haben zum Beispiel. Beziehungsweise Körbe im Wohnzimmer ohne Spielzeug, dafür Berge von Spielzeug auf dem Wohnzimmerboden. Butterbrote entrinden und in Waggonform schneiden. Oder auch eine chaotische Kinderküche in meiner Küche. Bei meinen beiden ersten Kindern habe ich die Spielküche tatsächlich jeden Abend aufgeräumt, Mini-Teller für Mini-Teller in ein Fach, Töpfe und Toaster hübsch dekoriert.

Zum Glück gibt es aber auch jede Menge fabelhafte Dinge mit Kindern, deren Fabelhaftigkeit ich nicht mal erahnen konnte, bevor ich welche hatte. Wie glücklich Lagerfeuer machen zum Beispiel. Oder gemeinsam draußen essen. Oder auch eins meiner liebsten Currys ganz allein auf dem Sofa - wenn sie endlich alle schlafen ...

Apropos Abenteuer: Als ich meinen ersten Sohn bekam und er immer gut aß, fragte ich mich manchmal, was die anderen Mütter und Väter bloß für ein Bohei ums Essen machten. Bis ich meinen nächsten Sohn bekam. Und er gar nichts essen wollte. Erst damit begann mein Abenteuer-Trip durch „Mag-ich-nicht-Land".
Die Lage hier ist folgende: Zwei meiner Kinder waren und sind super Esser. Sie mochten erst Mamas Milch, dann Mamas Brei, dann unser ganz normales Abendbrot. Sie mögen jeweils ein oder zwei Lebensmittel oder Gerichte nicht, ansonsten essen sie alles. Mit Genuss. Die anderen beiden sind „picky", wie die Engländer sagen. (Ich mag das Wort, weil es trotz Nervfaktor niedlich klingt.) Einer meiner Söhne mag überraschende Dinge nicht: Schokolade zum Beispiel. Er mochte als kleines Kind nicht viel, mag mit den Jahren aber immer mehr. Und er liebt Brot. Wenn nichts geht, geht bei ihm immer ein Brot. Der andere ist eine echt hart zu knackende Ess-Nuss. Er weigerte sich bereits mit eins, über-

haupt irgendetwas zu essen. Jeden Brei spuckte er in mein Gesicht oder gegen die Wand. Ich stillte ihn voll, bis er vierzehn Monate war, dann rief ich verzweifelt meine Hebamme an. Wir versuchten es mit diversen Breis, selbstgekocht und aus dem Gläschen, liebevoll gewürfelte Brothäppchen, gekochten Kartoffel- und Gemüsestückchen zum Matschen in seiner Hand. Natürlich auch unser Essen. Er war ein super zufriedenes Kind – bloß nicht, wenn er essen sollte. Irgendwann war ich froh, wenn er überhaupt etwas aß: Einen Klecks Kartoffelpüree und dann einen Fruchtjoghurt oder einen Keks meinetwegen. Einmal war ich hochmotiviert und habe ein Stück Butterbrot nach dem anderen in ihn reingeschoben, absolut begeistert, dass er tatsächlich immer wieder den Mund aufmachte. André und ich grinsten uns an, die große Essstreik-Affäre schien endlich überwunden. Bis ich merkte, dass er all das Brot als zwei große Matschklöße in beiden Backen aufbewahrte wie ein Hamster. Und es kurz danach alles wieder auswürgte.

Heute ist es besser geworden. Was uns geholfen hat? Verrückterweise Entspannung. Keine Spielchen mehr mit Erbsenpassagieren, die auf Gabel-Flugzeugen in seinen Mund fliegen wollen oder Handschlag-Verträgen über drei Happen mehr und dafür ein Eis. Leicht gefallen ist mir das nicht.

Irgendwann habe ich ihn sogar panisch zum Arzt geschleppt. Der Arzt schien ebenso besorgt wie ich und riet mir, in Sachen Essen bei ihm ab jetzt alles zu geben. Ich sollte ihm Schlagsahne ins Püree schummeln, Sahne- statt Vollmilchjoghurt reichen und bei ihm auch ruhig mal öfter ›Ja‹ sagen in Sachen Süßigkeiten. Ich war anfangs wieder hochmotiviert – aber er aß weniger als je zuvor. Außer vielleicht die extra Süßigkeit. Was die anderen Kinder natürlich richtig doof fanden.

Irgendwann habe ich wieder mit dem Allesgeben aufgehört. Ihm wieder das serviert, was wir alle aßen. Nicht mehr pausenlos auf ihn eingeredet oder gebettelt. Darauf vertraut, dass er sich schon das nehmen wird, was sein Körper braucht. Er isst bis heute nicht besonders gern oder viel. Aber er ist ein kerngesundes, fröhliches und unternehmungslustiges Kind.

Zwei Tricks, die definitiv dafür sorgen, dass er und die anderen mehr und mit mehr Genuss essen sind die Zutaten Abenteuer und Gemütlichkeit. Ein bisschen Abenteuer beginnt bereits, wenn ich die Jungs beim Kochen helfen lasse. Ich fand den Tipp anfangs immer ein bisschen anstrengend, denn als sie noch kleiner waren und ich sie eingeladen habe, mir zu helfen, konnten sie irgendwie doch bloß immer nur den Salat umrühren oder Püree. Oder das Risotto. Sie wollten aber viel lieber mit einem scharfen Messer Tomaten schneiden, oder Zwiebelwürfel ins brutzelnd heiße Fett werfen oder andere, echte Kochabenteuer ausprobieren. Es endete oft mit Frust auf beiden Seiten. Ich kochte oft lieber schnell allein, und spielte nebenbei ein bisschen mit ihnen in der Spielküche. Viel besser wurde es, als sie größer wurden. Ich merkte schnell, dass ich ihnen viel mehr zutrauen konnte, als ich dachte. Ich bin entspannt geworden, lasse sie ab Schulalter mit scharfen Messern schneiden oder ihr eigenes Spiegelei aufschlagen . Je älter sie werden, desto mehr hilft es wirklich, wenn sie helfen. Und ich liebe unsere Gespräche beim Kochen. Die sind oft besonders gut.

Wir alle sechs essen ab und zu gern mal gemütlich auf dem Sofa. Ich erinnere mich bis heute gern an die Abende, als ich als Kind, frisch gebadet und im Schlafanzug, mit einem Teller auf dem Schoß auf dem Sofa sitzen und mit meinen Eltern fernsehen durfte. Auch meine Kinder lieben diese Sofapicknicks. Das ist Geborgenheit auf dem Tablett serviert.

Apropos Abenteuer: Es ist Tatsache, dass meine Jungs draußen viel mehr essen. Sogar unser Terrassentisch reicht oft schon. Dabei steht der bloß ein paar Meter von unserem Essplatz im Wintergarten entfernt - allerdings auf der anderen Seite der Fensterscheibe.

Wann immer es passt, packen wir unseren Picknickkorb und eine Decke ein und essen noch weiter draußen. Der Ort muss gar nichts wirklich Besonderes sein: Der Schatten eines Apfelbaums in unserem Garten oder unser Lieblingsstrand, einmal rüber über den Deich, reichen total. Wir haben bei schlechtem Wetter auch schon auf dem Dielenboden im Wohnzimmer gepicknickt. Und es war wunderbar. Ein paar Flecken auf dem Holz, das bisschen Sand im Salat, ein Kind, das sich garantiert in den Dip setzt oder die sandigen Teller hinterher gehören dazu und sind gar nicht so blöd, wenn man sie mit Humor nimmt.

Wir alle lieben Lagerfeuer. Wenn erst alle mithelfen und passende Stöcke suchen, die die beiden Großen dann mit Papa und ihren Schnitzmessern vorn von der Rinde befreien. Wenn wir gemeinsam den Teig anrühren, mal für Süßes Stockbrot (Seite 210), mal für Herzhaftes Stockbrot (Seite 210). Es gibt doch nichts Gemütlicheres, als gemeinsam am Feuer zu sitzen, dem Himmel beim Rosa werden zuzusehen und dabei eine Hefeteigschlange am Stock über die Glut zu halten. Ziemlich schnell halte ich die Stöcke der Kleinen, während sie neben mir im Gras Purzelbäume üben. Ich hole mir ein alkoholfreies Bier (was garantiert einmal umkippt). Manchmal erzählen André, die beiden Großen und ich uns Geschichten. Am letzten Schultag vor den Sommerferien veranstalten wir traditionell unser Ferienfeuer, stoßen mit Limo an (Seite 239) und reden darüber, worauf wir uns in den Ferien am meisten freuen.

Für noch mehr Abenteuer sorgen ein paar Rezepte, die überraschen: Meine Jungs sind zum Beispiel jedes Mal wieder hin und weg, dass man durch Sahne schütteln selbst Butter herstellen kann (Seite 31). Die Erkenntnis, dass weicher Teig tatsächlich ganz knusprig wird, wie bei unserem Lieblingsknäckebrot mit Guckloch (Seite 213). Oder darüber, wie schwarz Bananen in der Lagerfeuerglut werden, wie lecker aber trotzdem ihr Fruchtfleisch schmeckt, vor allem mit knusprigen Cowboy-Bröseln obendrauf (Seite 214). ////

SÜSSES STOCKBROT

Mit diesem Brot gewinnen meine Kinder jeden „Meine-Mutter-macht-das-beste-Stockbrot"-Battle auf dem Schulhof. Sie und alle ihre Freunde lieben unsere süße Stockbrotvariante. Vor allem mit Schokoplättchen im Teig und Apfelmus zum Eindippen. Manchmal ist es bei uns, gleich hinterm Deich, so windig, dass wir beim besten Willen kein Lagerfeuer anzünden können (in der Nachbarschaft stehen außerdem auch noch ein paar Reetdachhäuser). In diesem Fall machen wir aus dem Teig einfach süße Brötchen und backen sie im Ofen.

FÜR ETWA 10 STÖCKE

- 500 Gramm Dinkelmehl Typ 630
- 70 Gramm Zucker • 1 Päckchen Vanillezucker
- 1 Päckchen Trockenhefe
- 1 Prise Salz • 250 Milliliter Milch
- 80 Gramm Butter • 1 Ei

Außerdem: • Schokoplättchen • 1 klein geschnittener Apfel • Haselnusskrokant und eventuell Apfelmus zum Dippen

Milch in einem Topf leicht erwärmen. Hefe mit Zucker und Vanillezucker in die lauwarme Milch einrühren. Kurz stehen lassen. Mehl, Salz, Butter und Ei zur Hefemilch geben und mit den Knethaken des Handrührers oder in der Küchenmaschine gut durchkneten. Dreißig Minuten gehen lassen. Teig noch einmal kurz durchkneten, die eine Hälfte mit Schokoplättchen, die andere Hälfte mit Apfelstückchen und Haselnusskrokant vermischen. Kleine Kugeln abteilen, lange schmale Würste formen und um die Spitzen von Stöckern wickeln. Über der heißen Glut goldgelb rösten. Mmmh!

HERZHAFTES STOCKBROT

Ein besonders schnelles Stockbrot, das nicht gehen muss. Perfekt für lauwarme Sommerabende, an denen Freunde eigentlich bloß vorbeikommen, um Bierbänke auszuleihen. Die Bänke dann spontan auf der Wiese aufklappen und sich setzen und ich im Kühlschrank alles Grillbare zusammensuche. Und die Kinder an meinem Sommerkleid ziehen und betteln: „Können wir bitte, bitte noch Stockbrot machen?" Das Rezept ist von meiner Freundin Magda, die schon immer das allerbeste Stockbrot gemacht hat, lange bevor sie selbst ein Kind hatte. Weil sie nämlich selbst so gern Stockbrot backt.

FÜR ETWA 8 STÖCKE

- 400 Gramm Weizenmehl Typ 405
- 1 gehäufter Teelöffel Salz
- 1 Esslöffel feingehackte Kräuter
- 2 Teelöffel Backpulver • 50 Gramm Butter
- 150 Milliliter Milch • 1 Esslöffel Wasser

Alle Zutaten in eine Schüssel geben und mit den Knethaken des Handrührers zu einem geschmeidigen Teig verrühren. Teig in acht bis zehn Portionen teilen, jede zu einer Wurst rollen und um (einigermaßen) saubere Stöcke wickeln. Über dem Lagerfeuer backen und mit Butter essen (am liebsten mit der Schüttelbutter von Seite 31.)

Wer gar keine Zeit hat, kann auch aufgetauten Tiefkühl-Laugenbrezelteig um die Stöcke wickeln. Tipp von unseren Freunden Sina und Basti. Auch lecker!

Mit zwei Augen aus Gurke und einer Zunge aus roter Paprika wird aus dem Stockbrot ganz schnell eine niedliche Stockbrotschlange.

KNÄCKEBROT

Ich liebe Knäckebrot. Als Kind habe ich mit meiner besten Freundin, die nebenan wohnte, regelrechte Knäckebrotwochen veranstaltet. Wir haben tagelang bloß Knäckebrot gegessen, mal mit Leberwurst, mal mit Frischkäse, mal pur — und haben unsere Eltern damit wahnsinnig gemacht. Heute habe ich viel Verständnis für die Knäckebrot-Liebe meiner Jungs. Vor allem, weil unsers noch viel krosser und oberleckerer ist als das von damals.

FÜR ETWA 10 SCHEIBEN

- 100 Gramm Dinkelmehl Typ 630
- 125 Gramm Roggenmehl Typ 815 oder 997
- ½ Teelöffel feines Meersalz
- 1 Esslöffel grobes Meersalz
- 100 Milliliter Milch
- 50 Gramm kalte Butter
- gehackte Pistazien

Beide Mehlsorten mit Meersalz mischen. Milch und Butter in Stücken hinzufügen. Erst mit dem Knethaken, dann mit den Fingern verkneten, dabei eventuell einen Teelöffel Wasser zufügen, falls der Teig zu fest ist. Vom Teig kleine Kugeln abteilen, platt drücken und die Mitte mit einem Eierbecher ausstechen. Knäckebrote mit einer Gabel mehrmals einstechen und mit grobem Salz und Pistazien bestreuen. Sechs bis acht Minuten bei 200 Grad bei Ober- und Unterhitze im Backofen backen.

Wir haben übrigens auch immer eine Not-Packung gekauftes Knäckebrot im Schrank. Falls ich mal wieder vergesse Brot zu backen oder zu kaufen.
Ein Schwede hat uns mal erzählt, dass in Schweden die Oberseite des Knäckes (also die Seite mit den vielen Löchern) Sonntagsseite genannt wird. Auf dieser Seite durfte man sie früher nämlich nur am Wochenende beschmieren. Weil man wegen der Löcher viel mehr Butter braucht.

COWBOY-BANANE VOM LAGERFEUER

Dieses Rezept kenne ich tatsächlich von meiner Konfirmandenfreizeit. André hasst weiche Bananen, aber drei von vier Söhnen habe ich zum Glück erfolgreich cowboy-bananisiert. Zu meiner Konfirmandenzeit scherte sich niemand um Alufolie und wickelte alles darin ein, was nicht bei drei im Kühlschrank war, auch diese Bananen. Heute gilt es als gesundheitsschädlich, Grillgut direkt in ihr einzuwickeln. Ich lege daher die Bananen direkt in die Glut, ganz außen in die Feuerschale, wenn das Feuer schon fast wieder aus ist. Oder ich backe sie im Backofen, jede Banane in einer Mulde eines Muffinblechs.

FÜR 4 PERSONEN

- 100 Gramm Haferflocken
- 50 Gramm gemahlene Mandeln
- 50 Gramm Weizenmehl Typ 405
- 4 Esslöffel Ahornsirup
- 1 Prise Salz
- ½ Teelöffel Natron
- ½ Teelöffel Vanilleextrakt
- 2 Esslöffel Butter
- 4 Esslöffel Schokochips
- 4 kleine Bananen
- Vanille-, Nusseis oder das Snickers-Semifreddo (Seite 243) zum Servieren

Haferflocken, Mandeln, Ahornsirup, Mehl, Natron, Schokochips, Butter, Salz und Vanilleextrakt gut mischen (die Haferflocken sollten gut durchgefeuchtet sein. Bananen mit einem Messer einschneiden und mit den Händen vorsichtig ein wenig auseinanderziehen. Die Teigmischung jeweils in die Bananenmulde geben. Auf dem Grill, im Backofen oder in der Lagerfeuerglut etwa zehn Minuten backen, bis die Oberfläche schön knusprig ist. Mit Eis servieren.

Tipp: Bei schlechtem Wetter für zehn bis fünfzehn Minuten bei 200 Grad im Ofen backen.

Tipp: Man kann die Bananen auch super in Bananenblättern backen. Die gibt bei uns ab und zu im Asia-Laden.

COSY COUCH CURRY

Dieses Curry koche ich mir, wenn André an Wochenend-Abenden unterwegs ist, die Jungs oben im Bett einen Film gucken oder schon schlafen. Wenn ich mir unten ein paar Duftkerzen anzünde (was André hasst) und in eine Wolldecke gewickelt mindestens zwei Filme von meiner ewigen Kitschfilmguckliste abarbeite.

FÜR 2 PERSONEN

- Öl zum Braten
- Salz
- 1 kleine Chilischote
- 1 Stück Ingwer (2 Zentimeter)
- 2 Schalotten
- 2 Teelöffel grüne Currypaste
- 2 Dosen Kokosmilch (á 400 Milliliter)
- 1 Esslöffel Limettensaft
- 100 Gramm Reisnudeln
- 1 kleiner Brokkoli
- 1 rote Spitzpaprika
- 150 Gramm Pilze
- 200 Gramm Kürbis
- 1 Handvoll geröstete Erdnüsse
- ½ Bund frischer Koriander

Die Schalotten schälen und in kleine Würfel schneiden. Ingwer und Chilischote putzen, bei der Chili die Kerne entfernen und beides in kleine Stücke schneiden. Gemüse putzen und zerkleinern. Reisnudeln nach Packungsanleitung mit warmem Wasser übergießen. Öl in einer Pfanne erhitzen, Schalotten, Chili und Currypaste kurz anschwitzen. Pilze und Kürbis kurz mit anbraten. Mit Kokosmilch ablöschen und kochen lassen, bis der Kürbis weich ist. Dann Paprika und Brokkoli kurz mitköcheln. Curry mit Salz und Limettensaft abschmecken, in eine Schale füllen und die Nudeln in die Mitte geben. Erdnüsse und Koriander hacken und über das Curry streuen.

SMÖRREBRÖD

Genau diese drei Sorten haben wir einmal im Urlaub in Dänemark gegessen. Auf der windigen Terrasse einer kleinen Bäckerei, mit Meerblick, mit vom Wind zerzaustem Haar und ab und zu einem knirschenden Sandkorn zwischen den Zähnen. Dreimal mussten wir nachbestellen, weil die lecker belegten Brote rasend schnell in den Mündern der Jungs verschwanden. Seitdem wünschen sie sich die Schnittchen regelmäßig für unsere Filmabende auf der Couch.

BROT MIT REMOULADE, SALAMI & RÖSTZWIEBELN

- 2 Scheiben Brot
- Dänische Remoulade
- 6 Scheiben Bio-Salami
- 2 Esslöffel Röstzwiebeln

Brotscheiben mit Remoulade bestreichen, mit Salami belegen und mit Röstzwiebeln bestreuen.

EIBROT MIT REMOULADE UND DILL

- 2 Scheiben Brot
- Butter
- Remoulade
- 2 hart gekochte Eier
- 2 Stängel Dill

Brot buttern, die Eier pellen und in Scheiben schneiden. Eischeiben auf das Butterbrot legen und die Remoulade darauf klecksen. Mit Dill garnieren.

ROTKOHL & FLEISCHKLÖSSCHEN-BROT

- 2 Scheiben Brot
- Butter
- 1 kleines Glas Rotkohl
- 200 Gramm Hackfleisch
- ein paar kleine Zwiebelwürfel
- 1 Esslöffel Semmelbrösel
- 1 Teelöffel Quark
- Salz und Pfeffer
- Öl zum Braten

Hackfleisch mit Semmelbröseln, Zwiebel, Quark, Salz und Pfeffer vermischen und drei Fleischklößchen formen. Im heißen Öl knusprig braun braten. Kurz abkühlen lassen und in Scheiben schneiden. Das Brot buttern und etwas Rotkohl darauf verteilen. Mit den Fleischklößchen-Scheiben belegen.

GEMÜTLICHSTER APPLE-COBBLER FÜR SOFA-SONNTAGE

Nach der Schule ging ich für ein Jahr als Au Pair nach London. Es war eine der besten Zeiten meines Lebens. Ich lernte Englisch, ich lernte Engländer kennen. Ich verliebte, liebte und entliebte mich. Sonntagnachmittags traf ich mich mit einem Haufen anderer Au Pairs aus sieben Ländern in dem Pub mit Blumentapete an der Ecke. Wir saßen in abgewetzten Ledersesseln zwischen Karo-Kissen am Kamin, aßen Apple-Cobbler mit Schlagsahne oder Vanilleeis und erzählten uns von der Liebe. Erst am allerletzten Pub-Sonntag stellte ich fest, dass der Kellner mit der karierten Schürze echt zum Verlieben war. Seine Telefonnummer schrieb er auf das Cobbler-Rezept. Ich habe nie angerufen – aber ich denke beinahe jeden Herbst-Sonntag einmal kurz an ihn.

FÜR 4 PERSONEN
- 3 Äpfel
- ½ Teelöffel Zimt
- 1 Teelöffel Zitronensaft
- 1 Esslöffel Mandelmus
- 100 Gramm Weizenmehl Typ 405
- 1 Teelöffel Backpulver
- 180 Gramm brauner Zucker
- 3 Esslöffel Milch
- ½ Teelöffel Vanilleextrakt
- Salz
- 100 Gramm Butter
- dazu: Vanilleeis oder Schlagsahne

Die Äpfel schälen und stückeln. Mit 80 Gramm Zucker, Zimt, Zitronensaft und Mandelmus vermischen. Mehl, Backpulver, 100 Gramm Zucker, Milch, Vanilleextrakt, Salz und Butter vermengen. Die Apfelmasse in eine flache, gebutterte Schüssel geben. Teig darüber krümeln. Nicht umrühren. Im vorgeheizten Backofen bei 200 Grad Ober- und Unterhitze etwa 15 Minuten goldgelb backen. Mit Schlagsahne oder Eis aus großen Schüsseln auf dem Sofa löffeln und dem Nieselregen draußen zusehen.

DIY

LAMPIONS FÜR DIE SOMMERABENDSAUSE

Stöcke sammeln gehört zu den absoluten Lieblingsbeschäftigungen meiner Kinder. Aus den dicken und langen Fundstücken machen wir Wanderstöcke oder Stockbrothalter. Aus den kleineren werden im Sommer gern diese stimmungsvollen Laternen. Ich liebe ihren Natur-Charme. Wir hängen sie gern in unsere uralten Apfelbäume oder stellen ein paar dreistöckige Laternen an den Rand unserer Terrasse.

LAMPIONS

Butterbrotpapier, Äste, Kleister, Blumendraht, gepresste Blüten und Blätter, LED-Lichter

Aus den Ästen jeweils das Gerüst für die Lampions bauen. Dafür die Äste mit Blumendraht aneinanderbinden, drei Äste für die stehenden Lampions in Indianerzeltform, acht Äste für die hängenden Lampions. Theoretisch sind noch ganz andere Formen möglich – einfach ausprobieren, dabei entstehen meist die tollsten Gebilde.

Den Kleister nach Packungsanweisung mit Wasser anrühren. Das Butterbrotpapier in nicht zu kleine Stücke reißen, durch den Kleister ziehen und über die Äste kleben. So nach und nach das ganze Astgestell verkleiden. Die gepressten Blüten oder Blätter zum Schluss ebenfalls mit Kleister aufkleben. Eventuell LED-Lichter hineinstellen. Braucht es aber beinahe gar nicht. Sie leuchten auch so in der Dämmerung.

GANZ FIXE SOMMERLATERNEN

weißes Papier, gepresste Blüten und Blätter, Klebestift

Blüten oder Blätter mit Kleber auf dem Papier fixieren. Papier an einer Seite mit Klebestift einschmieren, einrollen und fest drücken. Fertig. Ein Glas mit einer echten Kerze oder ein LED Licht hineinstellen.

Für ganz spontane Sommerabendfeste kann man immer noch schnell diese Lichter selbst machen. Wir haben tatsächlich immer ein paar gepresste Blumen und Blätter auf Vorrat, weil die Jungs fast täglich mit einem kleinen Strauß oder ein paar abgerupften Blüten nach Hause kommen und weil zwei es lieben, unsere Pflanzenpress ganz fest zuzuschrauben.

MEINE REZEPTE

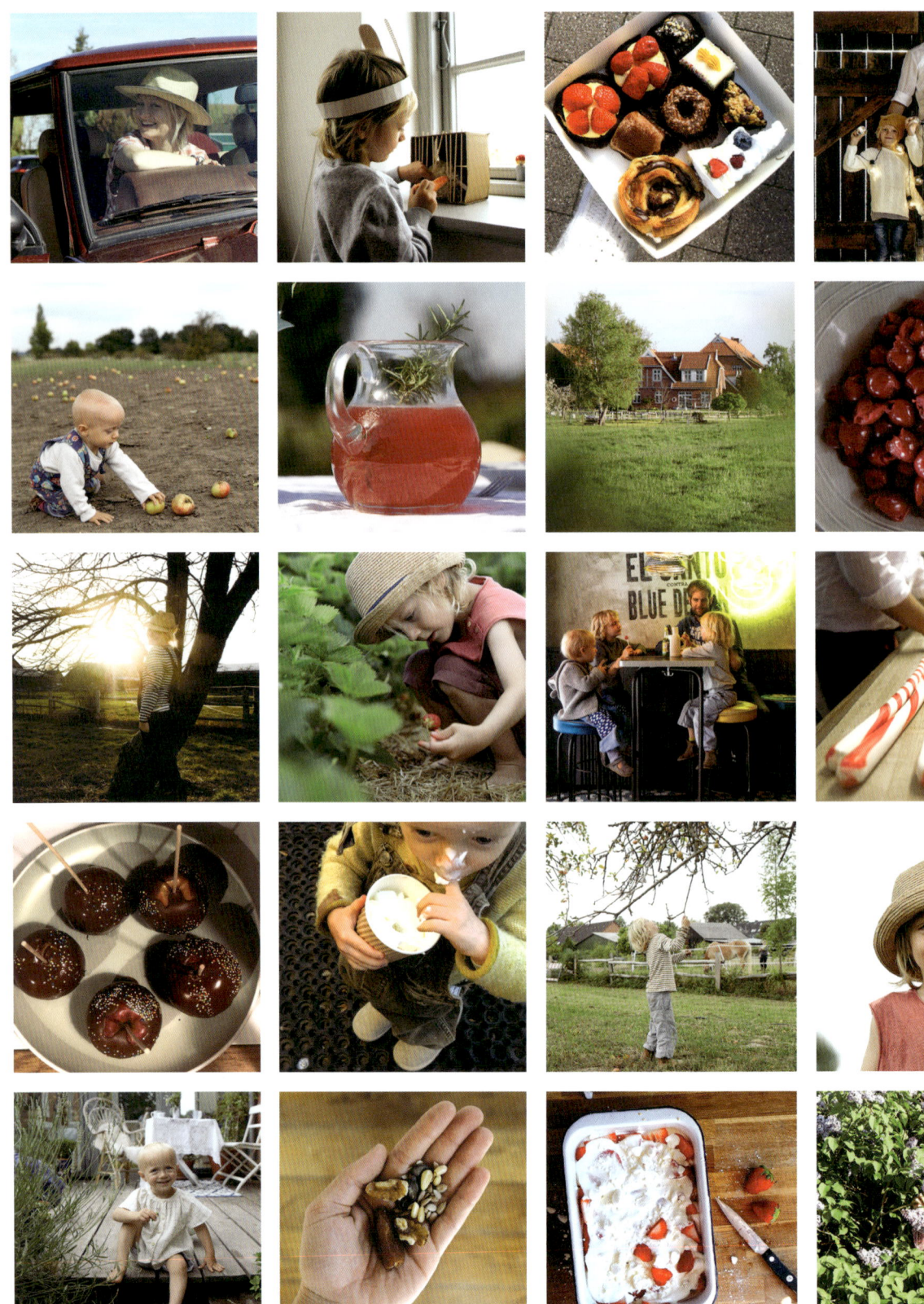

WAS SÜSSES FÜR DIE SÜSSEN

Kein anderes Essen flüstert so deutlich „Ich mag dich" wie eine Süßspeise.

Von Pudding-Pubertät und Naschfreiheit.

Wenn meine drei Großen wollen, dass ihr kleinster Bruder kommt, rufen sie selten seinen Namen. Sie rufen: „Eis!" Tatsächlich war „Eis" eines seiner ersten Wörter (neben „auch" und „Ball"). Ich weiß nicht, ob man das heute überhaupt noch sagen darf, aber ich mache es jetzt einfach: Wir lieben Süßes, wir alle sechs. Besonders in Form von Eis, Kuchen und Nachtisch. Wenn wir am Wochenende Gäste haben, gibt es eigentlich immer einen Nachtisch. Damit wir nicht zu viel Zucker essen, achte ich vor allem darauf, dass wir wenig versteckten Zucker essen, in Müsli oder Fertiggerichten zum Beispiel. Es sollte eben nicht jede Mahlzeit ein Nachtisch sein.

Hauptsächlich gibt es bei uns am Wochenende Süßes. Aber wenn die Lust bei den Kindern in der Woche sehr groß ist, dürfen sie auch zwischendurch mal ein Stück Kuchen, im Sommer ein Eis oder einmal ins Gummitier-Glas fassen.

Ich denke, nicht so viel Bohei darum machen, funktioniert bei uns auch in dieser Sache am besten. Ich kenne das nämlich von mir: Wenn ich mir Süßigkeiten ganz verbiete, denke ich den ganzen Tag über an nichts anderes.

An süßen Festen wie Ostern und Weihnachten, aber auch an einigen Geburtstagen, erteile ich den Kindern und mir ganz bewusst Naschfreiheit. In den allermeisten Fällen sind Kuchen und Süßkram dann nämlich gar nicht das Wichtigste, sondern das gemeinsame Spiel. Auch ich habe früher oft gesagt: „Aber nur ein Stück Kuchen und höchstens eine kleine Süßigkeit!" Und dann standen meine Kinder mit großen Augen die ganze Zeit am Buffet herum, weil es so spannend war. Und kamen wenig später immer wieder mit einem Gummifrosch in der Hand zu mir, anstatt zu spielen. Und ich unterbrach jedes Mal mein Gespräch und sagte meist doch: „Na gut, eins noch. Dann ist aber wirklich Schluss." Wenig später war dann noch mal wirklich Schluss. Und dann noch mal. Inzwischen glaube ich fest daran, dass meine Kinder heute nicht mehr Zucker zu sich nehmen, als in den Zeiten, in denen ich ihn begrenzte. Wir haben heute bloß alle einen entspannten Nachmittag. Das muss natürlich jede Familie individuell entscheiden, auch in dieser Sache gibt es ganz sicher viele gute und richtige Wege.

Wenn wir Freunde besuchen, ist eine große Schale mit Nachtisch immer mein liebstes Mitbringsel. Kommt immer super an, steht nicht lange herum. Auch wenn wir manchmal ein kleines Nachtisch-Buffet haben, weil unsere Freunde auch einen gemacht haben. Wenn es irgendwo mal keinen Nachtisch gibt, gönne ich mir oft noch ein Stück Schokolade, wenn wir spät abends nach Hause kommen. Wenn ich schon meist bloß am Wochenende Süßes esse, dann aber bitte.

Als ich Kind war, gab es bei uns zuhause übrigens selten Nachtisch, weil meine Mutter schon immer eine Käseplatte jedem Pudding vorzog. Außerdem ekelte sie sich vor Puddinghaut. Wenn ich bei Freunden war und es gab Nachtisch, war es für mich allein deshalb ein gelungener Nachmittag. Dort wo es Pudding gab, da war es gemütlich, das war für mich als Kind klar.

„Und nie hast du mir Pudding gemacht …!", war später einer meiner ständigen Vorwürfe in lauten Pubertätsstreits mit meiner Mutter. Ich hatte tatsächlich so viel ungestillte Puddinglust, dass ich mir als erstes einen großen Topf davon gekocht und alles allein aufgegessen habe, als ich das erste Mal in meiner eigenen Wohnung übernachtet habe.

Heute liebe ich noch immer alles mit Vanille, zum Beispiel als Pannacotta (Seite 240). Weil ich nicht immer daran denke, Vanilleschoten zu kaufen, und weil die in unserem Dorfsupermarkt häufig ausverkauft sind, habe ich inzwischen immer eine Dose reine Bourbonvanille aus dem Bioladen im Haus.

Richtig gern mag ich auch Tiramisu. Mein Mann blöderweise nicht, der mag nämlich keinen Kaffee. Und schon gar keine matschigen Löffelbiskuits. Nichts half, kein Kaffee reduzieren oder umbenennen in „Schichtspeise." Zum Glück habe ich mich von seinem gewohnt absoluten Wutruf: „Schatz, egal was du in Sachen Tiramisu noch ausprobierst, ich mag es nicht und werde es nie mögen und ich hasse aufgeweichte Kekse ..!", nicht beeindrucken lassen und in einem samstäglichen Anfall von akuter Tiramisu-Lust recherchiert und ausprobiert und schließlich unser Erdbeer-Tiramisu mit Shortbreads gemacht (Seite 236). Er liebt es (auch im Winter mit Apfelkompott statt Erdbeeren). Er nuschelte beim Probieren zwar etwas von „Ist ganz okay". Aber ich kenne ihn. Er liebt es. Er wäre nicht André, wenn er bei Tischgesprächen über Nachtischvorlieben nicht noch immer wie gewohnt laut tönen würde: „Ich hasse matschige Kekse...!" Um dann leise zu ergänzen: „...außer Shortbreads."

Wenn ich drüber nachdenke, finde ich tatsächlich, dass Süßspeisen am deutlichsten „Ich mag dich!" flüstern. Zumindest in unserer Familie. Manche Süßspeisen sind sogar so spannend, dass sie genug Programm für einen ganzen Nachmittag liefern. Unsere Hollerblütenkuchen zum Beispiel (Seite 235). Wir essen sie nicht oft, meist bloß einmal im Jahr und unsere Küche riecht hinterher eindeutig nach Frittenbude. Trotzdem gibt es kaum einen besseren Nachmittag als den, an dem ein Dutzend Kinder unter unseren Holunderbüschen in einer bunten Reihe steht und die weißen Blüten schneidet. Anschließend werden sie emsig geschüttelt, in Teig getaucht, ins blubbernde Fett gelegt und dann werden die knusprigen Blüten mit viel Puderzucker auf der Holzveranda verspeist. Den Rest der Blütendolden stellen wir jedes Jahr in eine große Vase, stecken unsere Nasen zwischen die winzig weißen Blütensternchen und lachen über den gelben Blütenstaub auf unseren Nasenspitzen. Es ist ein kurzes Vergnügen, denn bereits am nächsten Tag hängen die Blüten schlapp herunter und erinnern uns damit daran, jede Frühlingsminute so gut es geht zu genießen.

Das ist es doch oder? Nach neun Jahren als Mama weiß ich ein paar Dinge in Sachen Essen ganz sicher. Erstens: Ein Dreijähriger bekommt immer ausgerechnet dann die Mineralwasserflasche nicht auf, wenn man gerade einen Pfannkuchen wendet. Zweitens: Ein Baby, das brav schläft, während man kocht, wird garantiert wach, wenn das Essen auf dem Tisch steht und Mama gerade die erste volle Gabel zum Mund führt. Drittens: Der wichtigste Nährstoff, den ich Kindern mitgeben kann, ist für mich Genuss. Damit werden sie nämlich für immer etwas Gutes mit Nahrungsaufnahme verbinden. Und da wir nun mal bis ans Ende unseres Lebens essen müssen, werden sie ziemlich viel Gelegenheit zum Genießen haben. Ich glaube, wenn wir außerdem darauf achten, vor allem gute, regionale, unbearbeitete Lebensmittel zuhause zu haben und auf Abwechslung zu achten, dann ist die Sache mit dem guten Essen gar nicht so schwer. ////

SPAGHETTI EIS

Das war eins der Rezepte, bei dem ich lange überlegt habe, ob es hier wirklich mit rein soll. Denn Spaghetti Eis — knick knack — kennt doch nun wirklich jeder. Weil aber das Schöne an guten Kochbüchern auch ist, dass sie einen ab und zu einfach an die schönen Sachen erinnern, musste es mit rein. Und weil neben mir und meinem Laptop drei Fans standen, die nicht aufhörten, meine Gedanken in Richtung Spaghetti Eis mit „Spaghetti Eis, Spaghetti Eis, Spaghetti Eis" anzufeuern. Bitte sehr: Einer unser Standardnachtische, wenn Freunde kommen. Geht schnell, lieben alle.

FÜR 6 PERSONEN
- 1 Packung Vanilleeis
- 1 Becher Schlagsahne
- 1 Päckchen Vanillezucker
- 250 Gramm Erdbeeren
- 2 Esslöffel Zucker
- etwas weiße Schokolade

Erdbeeren waschen, abtupfen, putzen und halbieren. Zusammen mit dem Zucker fein pürieren. Die weiße Schokolade fein raspeln. Die Sahne mit dem Vanillezucker steif schlagen. Jeweils zwei Löffel Sahne auf den Boden von sechs Dessertschalen geben. Jeweils zwei bis drei Esslöffel Vanilleeis in eine Kartoffelpresse füllen und auf die Sahne drücken. Spaghetti Eis zum Schluss mit der Erdbeersoße übergießen und mit der geraspelten Schokolade bestreuen.

TIPP: Wer keine Kartoffelpresse hat formt aus dem Eis einfach Kugeln.

Presse vorher für 15 Minuten ins Gefrierfach legen, dann flutscht es besser.

AUSGEBACKENE HOLLERBLÜTENKUCHEN

Insgeheim nenne ich unseren Hof Hollerbü — wegen der vielen Holunderbüsche, die rund ums Haus und die alte schwarze Scheune stehen. Ursprünglich wurden sie gepflanzt, um den Hof und alle, die darauf wohnen, zu beschützen. Und ein bisschen vielleicht auch, damit wir einmal im Jahr an einem Nachmittag mitten in der Woche unsere große Holunderblütenkuchensause mit Nachbarskindern und Mamis veranstalten können.

FÜR 4 PERSONEN
- **15 frisch aufgeblühte Holunderblüten**
- **250 Gramm Weizenmehl Typ 405**
- **1 Teelöffel Backpulver**
- **2 Eier**
- **½ Liter Milch**
- **reichlich Sonnenblumenöl**
- **Puderzucker**

Mehl, Backpulver, Eier und Milch schnell verrühren und bei Zimmertemperatur 30 Minuten quellen lassen. Zwei bis drei Finger hoch Öl in einer Pfanne erhitzen, Dolden nacheinander in den Teig tauchen und im heißen Öl goldgelb ausbacken. Auf Küchenrolle abtropfen lassen, mit Puderzucker bestäuben und sofort aufessen.

Holunderblüten gibt es verrückterweise nicht zu kaufen. Ein Grund mehr, sie zu feiern, wenn man welche hat.

ERDBEER-TIRAMISU MIT VANILLEJOGHURT, MASCARPONE UND SHORTBREADS

Ich liebe klassisch italienisches Tiramisu — meine Männer leider nicht, weil sie a) keinen Kaffee trinken oder dürfen, b) keine durchgeweichten Löffelbiskuits mögen und c) immer das Kakaopulver leer machen, ohne Bescheid zu sagen. Also habe ich all das weggelassen und mache seither diese Tiramisu-Alternative. Falls d) nicht mal wieder einer den Mascarpone mit Frischkäse verwechselt und aufs Brot gestrichen hat.

FÜR 6 PERSONEN

- 1 Packung Shortbreads (ca. 200 Gramm)
- 400 Milliliter Schlagsahne
- 250 Gramm Mascarpone
- 150 Gramm Vanillejoghurt
- 2 Esslöffel Zucker
- 1 Päckchen Vanillezucker
- ungefähr 4 bis 5 Esslöffel Orangensaft von einer großen oder zwei kleinen Orangen
- ungefähr 400 Gramm Erdbeeren

Erdbeeren vorsichtig waschen und putzen. Die Shortbreads nebeneinander auf den Boden einer flachen Form legen. Orange auspressen. Den Saft über die Kekse gießen. Die Schlagsahne steif schlagen und in zwei Hälften teilen. Den einen Teil Schlagsahne mit Mascarpone, Zucker, Vanillezucker und Vanillejoghurt gut verrühren. Jetzt die zweite Hälfte der Sahne dazugeben und kurz unterheben. Die Hälfte der Sahne-Mascarpone-Mischung auf die Kekse geben. Erdbeeren in Scheiben schneiden (ein paar für die Deko zurücklegen) und nebeneinander auf die Creme legen. Restliche Creme auf die Erdbeeren geben. Mit übrigen Erdbeeren verzieren.

PS: Schmeckt im Winter auch großartig mit Apfelkompott statt Erdbeeren und ein bisschen Zimt in der Creme.

LIMOS

Es macht Spaß, den Sommer mit einer selbst gemachten Limo zu zelebrieren. Beim Süßen der Limo nehme ich — wenn überhaupt — gern Stevia. Weil es damit genauso gut schmeckt und ich mir die Zuckerportion so für anderen Süßkram aufspare…

MELONENLIMO

EINE KARAFFE VOLL

1 Kilo Melonenfruchtfleisch
1 Limette
500 Milliliter Wasser
Eiswürfel

Melonenfleisch herauslösen, die Kerne entfernen. Limette auspressen. Melone mit dem Saft pürieren, durch ein Sieb streichen, mit Wasser aufgießen und mit Eiswürfeln servieren.

GRANATAPFELLIMO

EINE KARAFFE VOLL

1 Granatapfel
1 Liter Mineralwasser
Saft einer Limette
eventuell 1 Esslöffel Stevia
Eiswürfel

Granatapfel aufschneiden und die Kerne herauslösen. (Besonders gut geht das in einer Schale mit Wasser). Eine Handvoll Kerne zur Seite legen, den Rest mithilfe einer Kartoffelpresse über einem Krug ausdrücken. Limettensaft, Eiswürfel, eventuell Stevia dazugeben und mit Mineralwasser auffüllen. Übrige Granatapfelkerne hineingeben.

HIMBEER-ROSMARIN-LIMO

FÜR ETWA 400 MILLILITER SIRUP

250 Gramm Himbeeren
5 Zweige Rosmarin
250 Gramm Stevia
500 Milliliter Wasser
1 Biozitrone
Mineralwasser zum Aufgießen

Stevia, Wasser und Rosmarinzweige in einen Topf geben und aufkochen. Köcheln lassen, bis ein Sirup entstandezn ist, das dauert etwa 10 Minuten. Zitrone abspülen, die Schale abreiben und die Zitrone auspressen. Den Topf vom Herd nehmen, Himbeeren, Zitronensaft und -schale dazugeben, mit dem Kartoffelstampfer matschen und eine halbe Stunde ziehen lassen. Rosmarinzweige entfernen und den Sirup durch ein Sieb streichen. Einen Finger breit Sirup in ein Glas gießen, Eis dazu geben und mit Mineralwasser auffüllen.

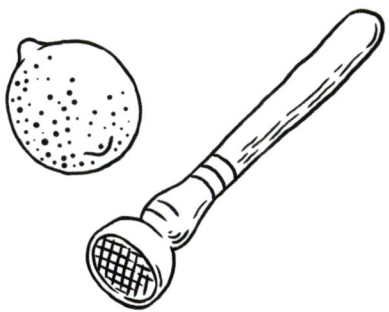

PANNACOTTA MIT FRUCHTSOSSE UND MEERES-MANDELN

Lise ist die Schwester unseres Freundes Tommy (der vom perfekten Gänsebraten), lebt in Norwegen und ist eigentlich Meeresbiologin. Vor drei Jahren hat sie ihren gut bezahlten Job hingeschmissen und sich mit einer Meeresalgenfarm selbstständig gemacht. Warum? Weil Meeresalgen lecker sind, reich an Vitaminen und Mineralstoffen und eine CO_2 freundliche Nahrungsproduktion ermöglichen. Lise zeigte mir begeistert Fotos von zarten, leuchtend gelben Blättern. Dennoch war ich – das gebe ich zu – skeptisch, als mir Lise eine Tüte gebrannte Mandeln mit Flügeltang zum Probieren hinhielt. Aber dann: auf den ersten Bissen hin und weg. Damit war klar, dass Lises liebste Pannacotta mit Meeres-Mandeln unbedingt noch mit ins Buch musste.

FÜR 6 PERSONEN

- 3 Blatt Gelatine
- 1 Vanillestange
- 500 Milliliter Sahne
- 90 Gramm Zucker
- 2 Esslöffel abgeriebene Schale von einer Bio-Zitrone
- 250 Gramm Himbeeren (im Winter tiefgekühlt)
- 1 Esslöffel Ahornsirup
- 6 Esslöffel Neptuns Mandelstreusel (oder gebrannte Mandeln)

Gelatineblätter fünf Minuten in einer Schale mit kaltem Wasser einweichen, die Blätter anschließend gut ausdrücken. Die Vanillestangen aufschneiden und die Samen mit einem Messer herauskratzen. Unter Rühren vorsichtig die Sahne mit dem Zucker und den Vanillesamen aufkochen. Die ausgedrückten Gelatineblätter in der warmen Sahne auflösen bis alles gut vermischt und gelöst ist. (Vorsicht, die Sahne darf nicht mehr kochen, sobald die Gelatine drin ist). Zum Schluss die Zitronenschale unterrühren. Die Mischung etwas abkühlen lassen und in hübsche Schälchen füllen. Im Kühlschrank fest werden lassen (dauert etwa vier Stunden).

Die Himbeeren mit Ahornsirup leicht erwärmen, vor dem Servieren über die Pannacotta geben. Flügeltang-Mandelstreusel hacken und je einen Esslöffel über jede Portion streuen.

Tipp: Ihr könnt die Meeres-Mandeln und einige andere Algen-Produkte hoffentlich in Zukunft direkt bei Lise auf ihrer Internetseite www.tangoseaweed.no bestellen, dort gibt es auch viel mehr Informationen und Fotos zum Thema. Klar schmeckt ihre Pannacotta zur Not aber auch mit herkömmlichen gebrannten Mandeln (selbstgemacht oder gekauft).

Einer meiner Söhne fragte eine Weile lang mehrere Mal am Tag, ob es mal wieder Emil Fred geben könne. Wir anderen hatten keine Ahnung, wer dieser Emil Fred sein könnte. Bis ich wieder einmal das Semifreddo servierte. Und er es begeistert mit „Emil Fred" begrüßte….

SNICKERS SEMIFREDDO MIT KIRSCHSOßE

Mehrere Dutzend Mal haben die Jungs und ich vor dieser Entdeckung bereits versucht Eis selbst zu machen. Leider wurde es ohne Eismaschine immer eher frostig statt cremig. Bis wir dieses Semifreddo bei Freunden serviert bekamen. Halleluja! Es ist einer dieser Nachtische, bei dem die Glasschälchen klirrend blitzblank gekratzt werden und wenn ich frage: „Möchte jemand noch Nachtisch?" die meisten sagen: „Ach ja, ein bisschen nehme ich noch."

FÜR 8 PERSONEN

- 200 Gramm Snickers
- 4 Eier
- 1 Teelöffel Vanilleextrakt
- 500 Gramm Schlagsahne
- 100 Gramm Zucker (plus 4 Esslöffel)
- 1 Glas Sauerkirschen (680 Gramm)
- 1 Esslöffel Zucker
- 1 - 2 Esslöffel Speisestärke
- ½ Teelöffel Zimt

Zunächst eine Kastenform (1½ Liter Inhalt) mit Backpapier auslegen. Die Snickers in kleine Würfel schneiden. Für das Semifreddo die Eier trennen. Das Eiweiß und die Sahne getrennt steif schlagen. Eigelb, Vanilleextrakt und 100 Gramm Zucker mit dem Schneebesen des Rührgeräts ein paar Minuten cremig aufschlagen. Erst die Snickers-Würfel, dann die Sahne, dann den Eischnee unterheben. Die Masse in die Kastenform gießen. Mit Folie abdecken und mindestens fünf Stunden einfrieren.

Die Kirschen mit Flüssigkeit in einen Topf geben. Zimt und einen Esslöffel Zucker dazu geben. Drei Esslöffel Kirschflüssigkeit in eine Tasse geben, mit einem Esslöffel Stärke verrühren. Kirschen aufkochen, Kirschflüssigkeit dazugeben und kurz kochen lassen. Falls die Soße noch zu dünn ist, mit mehr Stärke nachbinden. Soße mit dem Pürierstab pürieren.

Vor dem Servieren das Semifreddo in der Form bei Zimmertemperatur etwa zehn Minuten antauen lassen. In Scheiben schneiden. Den Rest wieder einfrieren. Das Semifreddo mit der warmen Kirschsoße auf Tellern oder in Schälchen servieren.

Tipp: Einen Teil der restlichen Kirschsoße essen meine Jungs am Sonntagmorgen gern auf ihrem Butterbrot.

DIY

JAHRESZEITEN-TISCHDEKO

Es macht uns richtig Spaß, die Jahreszeiten zu zelebrieren. Wenn die Deko sich dann auch noch ganz einfach selbst machen lässt und nicht die Welt kostet, wird's noch besser...

FRÜHLING: VIELE VÖGLEIN

Pappe von einem Pappkarton, Acrylfarben, Wachsmalkreiden, Bleistift, Schere, Blumendraht, Band

Einfache Vögel mit Bleistift auf die Pappe zeichnen. Ausschneiden und mit Acrylfarben und Wachsmalkreiden in Vogelfarben bemalen. In einige Vögel ein Loch zum Aufhängen bohren. Aus Draht je zwei einfache Vogelfüße biegen und von unten in einige Vögel schieben. Die Vögel in Frühlingszweige hängen, einige auf den Tisch stellen.

SOMMER: ERBSEN AN WIESENBLUMEN

Wiesenblumen, hübsche Vase, Tonkartonreste, kleine, grüne Styroporkugeln, weißer wasserfester Stift, Klebe, Schere

Die Wiesenblumen in einer Vase hübsch dekorieren. Für die Erbsenschoten eine einfach Schotenform aufzeichnen und ausschneiden. An beiden Enden jeweils schotenförmig zusammenkleben. Die Styroporkugeln als Erbsen hineinkleben. Für die Platzerbsen mit einem weißen Stift die Namen der Gäste auf die Kugeln schreiben. Die Kugeln lassen sich auch als grüne Serviettenringe aneinanderkleben.

HERBST: BLATTBÄUMCHEN

Zweige, bunte Papierreste, Schere, Kleber (am besten Heißkleber)

Aus dem bunten Papier kleine, einfache Blätter schneiden. Mit Kleber an den Zweigen befestigen. Mehrere Äste in Vasen auf den Tisch stellen.

WINTER: LUCIAS LICHTER

Weiße Muffinförmchen aus Papier, Bleistift, Druckerpapier, festeres Papier, Klebestift, Wachsstifte in Rot, Orange, Gelb, Schere, Kleber (am besten Klebestift und Heißkleber)

Aus verschiedenen Papieren lange und kurze, schmale und breite Kerzen rollen. Jeweils am Papierrand etwas Klebestift auftragen und andrücken. Um die Kerzen oben zu schließen, auf weißes Papier mit Bleistift einen Kreis zeichnen, dabei ruhig einige „Wachstropfen" über die Kreislinie zeichnen. Ausschneiden und mit Klebestift oben auf die Kerzen kleben. Wachstropfen dabei am Kerzenrand festkleben. Mit Wachsstift kleine Flammen auf Papier malen und ausschneiden. Mit Heißkleber auf den Kerzen fixieren. Die Kerzen mit Heißkleber in jeweils zwei Muffinförmchen kleben.

MEINE REZEPTE

Unsere Rituale quer durchs Jahr

FRÜHLING

APRÈS-SKI ABEND (MIT SKIURLAUB-FOTOS GUCKEN): Knusper-Braten (S. 148), Kartoffelbrei mit Karamell-Zwiebeln (S. 150)

FRÜHLINGS-SUCH-PICKNICK: Alles-wird-gut-Kuchen (S. 102)

FRÜHLINGSESSEN MIT FREUNDEN: Erbsenrisotto (S. 157) mit selbst gemachten Fischstäbchen (S. 65), Pannacotta (S. 240)

OSTERBRUNCH MIT FREUNDEN: Rührei-Variationen (S. 52), Sonntagsbrötchen (S. 37)

EISHEILIGEN-SPAZIERGANG: Knusper-Braten (S. 148), Buttermilchbrot (S. 28), Radieschensalat (S. 150), Schüttelbutter (S. 31)

FRÜHLINGSFEUER: herzhaftes Stockbrot (S. 210)

MUTTERTAG: Zimtschnecken (S. 115), Cozy-Couch-Curry (S. 76)

SOMMER

SOMMERESSEN MIT FREUNDEN: Pizza (S. 176), Spaghettieis (S. 232)

FERIENFEUER: süßes Stockbrot (S. 210), Cowboybanane (S. 214)

MITTSOMMER: Erdbeerbiskuitrolle (S. 111), Mittsommer Lachs (S. 189), Regenbogensalat (S. 185), Himbeer-Rosmarin-Limo (S. 239)

ELBSTRANDPICKNICK: Knäckebrot (S. 213), Paprika-Walnuss-Dip (S. 81)

HOLUNDERPARTY: Hollerblütenkuchen (S. 235)

KINDERGEBURTSTAG: Geburtstagskuchen (S. 116), Melonenlimo (S. 239), Spaghetti mit Fleischklößchen (S. 144)

AUSFLUG INS SOMMERBAD Heidelbeerwähe (S. 112), Smörrebröd (S. 218). Oder Pommes rot/weiß.

NACH DEM MARKT: Fischburger (S. 65), Blumenkohl-Radieschen-Salat (S. 186), Himbeer-Törtchen (S. 106)

GROSSE SOMMERREISE: Fruchtschnitten (S. 27), Lachs-Burritos (S. 135), Erdnussbutter-Pasta (S. 139), Granatapfellimo (S. 239), Pancakes (zum Frühstück, S. 38), Spaghetti mit Garnelen (auf Wasfürmich.de)

HERBST

SPIELEABEND: Nachos für viele (S. 193), Guacamole (S. 174), Tortilla-Törtchen (S. 194)

KÜRBIS-SCHNITZ-NACHMITTAG: Kürbissuppe (S. 147), Kürbisbrot (S. 147), Fußball-Retter-Muffins (S. 105)

APFELPFLÜCKSAUSE: Apple-Cobbler (S. 221), Easy Peasy Apfelkompott (S. 56)

HERBSTESSEN MIT FREUNDEN: Moiras Coq au Weißwein (S. 168), Apple-Cobbler (S. 221)

PILZE SAMMELN: Pilz-Pasta-Glück (S. 138)

HERBST PICKNICK: Apfel-Taschen (S. 115)

HALLOWEEN: Quesadillas mit Mais und Hühnchen (S. 195), Kürbissuppe (S. 147), Buttermilchbrot (S. 28)

MARTINSTAG: Bethmänner aus dem Teig für Sonntagsbrötchen (S. 37)

WINTER

WALDSPAZIERGANG: Macadamia-Salzkaramell-Kracher (S. 120), Waffeln (S. 105)

WINTERESSEN MIT FREUNDEN: Onkel Jos Rippchen (S. 174), Erdbeer-Tiramisu (mit karamellisierten Äpfeln statt Erdbeeren, S. 236)

MEIN GEBURTSTAG: Babyparty-Curry (S. 76), Schoko-Pekannuss-Birnen-Torte (S. 119)

WEIHNACHTSESSEN AM HEILIGABEND: Laaser Suppe (S. 136), Tommys gigantisch gute Gans (S. 198), Knödel für Anfänger (S. 199), Charlottes Rotkohl (S. 198), Snickers-Semifreddo (S. 243)

JULKLAPP MIT FREUNDEN: Knusper-Braten (S. 148), Kartoffelbrei (S. 150), Charlottes Rotkohl (S. 198), Pannacotta (S. 240)

SILVESTER: Glückskekse (Rezept auf www.wasfuermich.de)

Aus Kindern Gerneesser machen

Ich zeige meinen Kindern, woher unser Essen kommt.
Wir gucken Kornfelder, besuchen Nutztiere, angeln Fische, sammeln Pilze und Beeren, bauen Gemüse an, ziehen Kräuter – und wenn es nur in einem Blumentopf auf der Fensterbank ist.

Wann immer es geht, würze ich mit einer Prise Nostalgie:
Oma Wilmas Gemüsesuppe mit der Geschichte von der großen Regenpfütze in der Küche. Die Erdbeermarmelade mit der Erinnerung an unsere 14-Kilo-Pflück-Sause.

Wenn möglich und sie Lust haben, lasse ich meine Kinder beim Kochen helfen.
Ich traue ihnen ab dem letzten Kindergartenjahr scharfe Messer und heiße Pfannen zu. Und ganz wichtig: Ich schicke meine Perfektion vorher vor die Tür.

Statt in Bilderbüchern schmökern wir öfter mal gemeinsam in Kochbüchern.

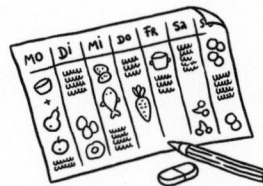

Gute Erfahrungen habe ich mit einem Essensplan gemacht,
den ich sonntags für die ganze Woche schreibe. Die Kinder dürfen sich ein Abendessen wünschen.

Ich spreche mit meinen Kindern viel über Essen.
Ich versuche keine Lebensmittel zu verteufeln, erkläre aber, was sie mit unserem Körper machen. Die Menge macht's! Wir sprechen auch darüber, was der Körper mit der Nahrung macht.

Ich zwinge nicht zum Probieren.
Lieber erkläre ich ein Gericht mal zum „Erwachsenenessen", um sie neugierig zu machen. Ich versuche, entspannt zu bleiben. Und nicht so viel Bohei ums Essen zu machen.

Mindestens einmal im Monat (oder öfter) kochen die Kinder.
Ihre schönsten Rezepte malen und schreiben sie in ihr eigenes Kochbuch. Vielleicht haben sie auch Lust Speisekarten fürs nächste Sonntagsessen zu basteln.

Ab und zu spielen wir Food-Kritiker:
„Bäh, mag ich nicht!", zählt dabei nicht. Ich ermutige sie, genauer zu beschreiben, was ihnen (nicht) schmeckt.

Wenn nichts mehr hilft, räume ich auf.
Die meisten Kinder mögen es nämlich hübsch ordentlich. Auf ihren Tellern zumindest. Einer meiner Söhne mochte beispielsweise fast nichts, außer wenn ich ihm unser Essen auseinander gepuzzelt habe. Statt Erbsen-Carbonara: hier Erbsen, dort Nudeln, da Parmesan.

Nicht vergessen: Irgendwann essen sie alle. Und werden groß.

Register

A
Apfel-Taschen mit
Salzkaramell 115
Apple-Cobbler 221
Asia-Salat 79
Auberginen-Pommes 87

B
Back-Beete-Bolo 190
Bowl, Fixe 91
Braten, Knusper 148
Brokkoli-Nudeln 139
Brötchen 37
Buttermilchbrot 28

C
Coq au Weißwein, Moira 168
Cowboy-Banane vom Lager-
feuer 214
Curry
  Babyparty-Curry 76
  Cosy Couch Curry 217

D
Dip, Paprika-Walnuss 81
DIY
  „Wenn Freunde
  kommen" 200
  Familientischdecke 158
  Jahreszeiten-
  Tischdeko 92, 244
  Lampions für die
  Sommerabendsause 222

Leise Löwe 66
Selbstgemacht
Beschäftigungsbücher 66
Vier mal Tortendeko 124
Wachspapier 42

E
Enchiladas mit
Pilz-Sahne 192
Erbsen Risotto 157
Erdbeer-Tiramisu 236
Erdbeerbiskuitrolle 111

F
Fischburger,
Fischstäbchen, Luk 65
Fladenbrot 82
Frankfurter grüne Soße mit
Pellkartoffen 84
French Toast Würfel mit Apfel-
kompott 56
Fruchtschnitte 27
Frühstücksmuffins 24

G
Gans, Gigantisch gute mit
Knödeln und Rotkohl 198
Geburtstagskuchen 116
Gnocchi mit karamellisierten
Tomaten 154
Guacamole 174

H
Heidelbeer-Wähe à la
Oma Wilma 112
Heidesand, Ilses 123
Himbeertörtchen 106
Hollerblütenkuchen 235
Hummus, weltbester 83

K
Kartoffel-Möhren-Suppe 55
Kartoffelbrei mit karamellisier-
ten Zwiebeln 150
Kirsch-Joghurt-Kuchen 102
Klopse, Charlottes 153
Knäckebrot 213
Knödel für Anfänger 199
Kräuterquark 88
Kürbisbrot 147
Kürbissuppe mit gebackenen
Kichererbsen 147

L
Laaser Suppe 136
Lachs Burritos 135
Lachs, Mittsommer 189
Limos
  Granatapfellimo 239
  Himbeer-Rosmarin-Limo
  239
  Melonenlimo 239

M
Macadamia-Salzkaramell-

Kracher 120
Marmelade, Erdbeer-Vanille 32
Mexikanische Fiesta 192
Muffins, Fussball-Retter 105

N
Nachos für viele 193
Nutola 27

O
Ofenpfannkuchen 61

P
Pancakes mit Nuss-Bananen-Soße 38
Pannacotta mit Fruchtsoße und Meeres-Mandeln 240
Pasta, Erdnussbutter 139
Pelmeni 141
Pilz-Pasta-Glück 138
Pizza Party
  Bester-Pizza-Teig 176
  mit Aubergine und Granatapfel 179
  mit Knusper-Blumenkohl und karamellisierten Zwiebeln 180
  mit Lachs und Dill 179
  mit Pilzen, Ziegenkäse und Rucola 180
  Tomatensoße 176
Porridge, Ilonas Birnen-Granatapfel-Porridge 41

Q
Quesadillas mit Mais und Hühnchen 195
Quesadillas 174

R
Rehbraten 171
Rippchen, Onkel Jos 174
Rotkohl, Charlottes 198
Rührei mal vier
  Käse-Mais-Rührei 52
  Paprika-Rührei-Ninja 52
  Pilz-Rührei 52
  Schwedisches Sommersprossen-Rührei 52

S
Salat
  Blumenkohl-Radieschen-Salat mit Minze 186
  Dattel-Gurken-Minze-Salat 80
  Gurkensalat 189
  Radieschensalat 150
  Regenbogensalat 185
Schüttel-Butter 31
Smörrebröd
  Brot mit Remoulade, Salami und Röstzwiebeln 218
  Eibrot mit Remoulade und Dill 218
  Rotkohl & Fleischklößchen-Brot 218
Snickers Semifreddo mit Kirschsoße 243
Spaghetti Eis 232
Spaghetti Erbsonara 62
Spaghetti mit Fleischklößchen 144
Stockbrot
  Herzhaftes Stockbrot 210
  Süßes Stockbrot 210
Syrische Sachen 80

T
Törtchen, Tortilla-Wrap mit Zimt und Zucker 194
Torte, Schoko-Pekannuss Birne 119

V
Vinaigrette 185

W
Waffeln 105

Z
Zimtschnecken 115
Zucchini-Buletten 88

Unser Zwei-Wochen-Essensplan

	Montag	Dienstag	Mittwoch	Donnerstag	Freitag	Samstag	Sonntag
Morgens	Buttermilchbrot mit Erdbeermarmelade	Nutola mit Milch	Nutola mit Milch	Nutola mit Milch	Nutola mit Milch	Ilonas Porridge	Sonntagsbrötchen, Pancakes, Rührei
Mittags	Sommersprossenrührei	Ofenpfannkuchen/Fixe Bowl für mich	Spaghetti Erbsonara	Luks Fischburger/ Zucchinipommes	Rührei mit Pilzen	Pizzareste	fällt aus
Nachmittags	Obst	Obst	Waffeln (Spieldate)	Obst (und ein paar von Ilses Keksen)	Obst	Obst	Alles wird gut Kuchen
Abends	Back-Bolo	Erbsenrisotto. Oder Käsebrot.	Laaser Suppe	Laaser Suppe	Pizza (auf dem Sofa)	Mexiko Abend mit Pilz Enchiladas und Nachos, Melonenlimo / Spaghettieis	Schweinebraten

	Montag	Dienstag	Mittwoch	Donnerstag	Freitag	Samstag	Sonntag
Morgens	Nutola mit Joghurt	Buttermilchbrot mit Marmelade	Nutola	Nutola mit Milch und Obst	Nutola	Frühstücksmuffins	Pancakes mit Honig Nuss-Soße
Mittags	Rührei/ Fixe Bowl für mich	French-Toast-Würfel	Rührei/Fixe Bowl für mich	Buttermilchbrot mit Käse	Mädelslunch mit Fladenbrot, Hummus, Blumenkohlsalat. Für die Jungs: Fladenbrot mit Frischkäse.	fällt aus	fällt aus
Nachmittags	Kuchenreste von Sonntag	Obst	Obst	Marmeladen-Brote	Obst	Nutola mit Joghurt oder Skyr und Obst	Heidelbeerwähe und/oder Erdbeerbiskuitrolle
Abends	Gnocchi mit karamellisierten Tomaten	Aufbackbrezeln mit Butter, Frischkäse und Regenbogensalat	Brokkolinudeln	Mittsommerlachs	Smörrebröd (auf dem Sofa)	Onkel Jos Rippchen / Erdbeertiramisu	Kürbissuppe mit Kürbisbrot

Wochenplan

MONTAG

DIENSTAG

MITTWOCH

DONNERSTAG

FREITAG

SAMSTAG

SONNTAG

NOTIZEN

HERZLICHEN DANK

Ich danke meinen Jungs, allen fünf, weil ihr für immer meine liebsten Ess-Dates seid. Ich danke meinem Wahnsinnsteam: Fotografin Ilona, Grafikerin Claudia, Stylistin Anne, Illustratorin Greta, weil ihr genau so viel Herzblut in dieses Herzensprojekt gesteckt habt, wie ich. Ich danke all unseren Freunden. Es ist so schön, dass wir alle so gern gemeinsam essen. Ich danke meinen engagierten Probeköchen: Nina, Kermy, Donata, Anja, Tina, Sarah, Pina, Steffi, Freddy, Kim, Lisa, Frauke S., Jens, Frauke K., Eike, Katia, Andrea, Magda, Basti und Sina. Ich danke dir, Tommy, dass du außer Gans auch noch wahnsinnig gut Korrektur lesen kannst und dir Frauke, weil du auf 256 Seiten sogar noch jedes fehlende Leerzeichen findest. Und schließlich meinen fabelhaften Lesern von www.wasfuermich.de. Ohne euch wäre das hier sowieso nicht möglich.
Von Herzen Danke!

Sollte diese Publikation Links auf Webseiten Dritter enthalten, so übernehmen wir für deren Inhalt keine Haftung, da wir uns diese nicht zu eigen machen, sondern lediglich auf deren Stand zum Zeitpunkt der Erstveröffentlichung verweisen.

IMPRESSUM

2. Auflage 2020
© André Schaumann, Wasfürmich
Altengammer Elbdeich 234, 21039 Hamburg, Deutschland
Alle Rechte vorbehalten, auch auszugsweise
www.wasfuermich.de   E-Mail:post@wasfuermich.de

Autorin: Claudia Schaumann
Fotos: Ilona Habben und Claudia Schaumann
Layout und Satz: Claudia Obertaxer
Styling: Anne Beckwilm
Illustrationen: Greta Brumme
Druck und Bindung: SDP Sachsendruck GmbH
Paul-Schneider-Straße 12, 08525 Plauen, Deutschland

Das Werk einschließlich aller seiner Teile ist urheberrechtlich geschützt. Jede Verwertung außerhalb der engen Grenzen des Urheberrechtsgesetzes ist ohne Zustimmung des Rechteinhabers – André Schaumann, Wasfürmich – unzulässig und strafbar. Das gilt insbesondere für Vervielfältigungen, Übersetzungen, Mikroverfilmungen und die Einspeicherung und Verarbeitung in elektronischen Systemen.

ISBN 978-3-00-063806-0

Hergestellt in Deutschland

Hinweis:
Alle im Buch vorgestellten Rezepte und Tipps wurden sorgfältig von Claudia Schaumann und André Schaumann, Wasfürmich geprüft. Dennoch kann keine Garantie übernommen werden. Eine Haftung von Claudia Schaumann und André Schaumann, Wasfürmich für eventuelle Schäden ist ausgeschlossen.